W0204138

Peter Himmelhuber

Selbst Gartenteiche anlegen und pflegen

Compact Verlag

© 2007 Compact Verlag München
Alle Rechte vorbehalten. Nachdruck, auch auszugsweise, nur mit ausdrücklicher Genehmigung des Verlages gestattet.
Alle Angaben wurden sorgfältig recherchiert, eine Garantie bzw. Haftung kann dennoch nicht übernommen werden.
Chefredaktion: Dr. Angela Sendlinger
Redaktion: Uta Lux
Produktion: Wolfram Friedrich
Abbildungen: Peter Himmelhuber
Titelabbildungen: Peter Himmelhuber
Umschlaggestaltung: Ingeborg Cisse

ISBN 978-3-8174-2233-3
2222331

Besuchen Sie uns im Internet: www.compactverlag.de

Ein Wort zuvor

Selbermachen – ein Hobby, das heute für Millionen zur sinnvollen Freizeitbeschäftigung geworden ist. Ob es sich nun um die gemietete Altbauwohnung oder um die eigenen vier Wände handelt, mit etwas Geschick und einer fachmännischen Anleitung lassen sich oft verblüffende Ergebnisse erzielen: bei kleineren Reparaturen, beim Renovieren und Verschönern und beim Um- und Ausbauen.
Und Selbermachen bringt Spaß und Freude an der eigenen Arbeit, deren Ergebnis man Tag für Tag sehen und »bewundern« kann; es spart Geld, mit dem sich lang gehegte Wünsche erfüllen lassen, und es macht unabhängig von Handwerkern, auf die man womöglich wochenlang und schließlich vergeblich gewartet hat.
Fachgeschäfte, Heimwerker- und Baumärkte versorgen den Hobby-Handwerker mit allen Werkzeugen und Materialien, die er braucht. Doch richtiges Werkzeug und Begeisterung allein reichen nicht aus. Unerlässlich sind eine gründliche Vorbereitung und Fachkenntnisse, wie eine Arbeit durchzuführen und was dabei zu beachten ist.
COMPACT PRAXIS **Selbst Gartenteiche anlegen und pflegen** zeigt, wie man's macht. Mit wertvollen Tipps und Tricks, die sich in der Praxis tausendfach bewährt haben. Jeder Arbeitsgang wird ausführlich Schritt für Schritt gezeigt und in Bild und Text erläutert. Übersichtliche Symbole zeigen auf einen Blick, mit welchem Schwierigkeitsgrad, welchem Kraft- und Zeitaufwand Sie bei jedem Arbeitsgang rechnen müssen, welche Werkzeuge Sie brauchen und wie viel Geld Sie durch Ihre eigene Arbeit einsparen können.

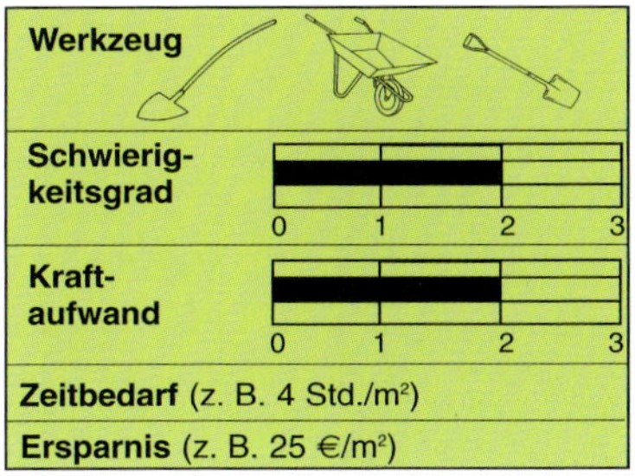

Und so stufen Sie Ihre Fähigkeiten richtig ein:

Schwierigkeitsgrad 1 – Arbeiten, die auch der Ungeübte ausführen kann. Es ist nur geringes handwerkliches Geschick erforderlich.

Schwierigkeitsgrad 2 – Arbeiten, die einige Übung im Umgang mit Werkzeug und Material erfordern. Es ist handwerklich durchschnittliches Geschick notwendig.

Schwierigkeitsgrad 3 – Arbeiten, die fachmännische Übung erfordern. Überdurchschnittliches Geschick ist erforderlich.

Kraftaufwand 1 – Leichte, einfache Arbeiten, die jeder bequem erledigen kann.

Kraftaufwand 2 – Arbeiten, die eine gewisse körperliche Kraft voraussetzen.

Kraftaufwand 3 – Arbeiten für kräftige Heimwerker, die keine »Knochenarbeit« scheuen.

Auf einen Blick

Fachkunde

Materialkunde

Wasser im Garten

In den letzten Jahren haben Interesse und Bewusstsein der Bevölkerung für Umweltfragen stetig zugenommen. Damit stieg auch die Zahl derer, die sich aktiv für den Schutz der Umwelt einsetzen.
Wer selbst ein Stück Land besitzt, kann durch die Anlage eines Gartenteichs Pflanzen sowie Tieren einen natürlichen Lebensraum schaffen und gleichzeitig sich selbst ein eigenes kleines Erholungsgebiet.

Je größer der Teich gebaut wird, desto vielfältiger entwickelt sich das Biotop – vorausgesetzt, Teichbett und Uferregionen sind Pflanzen und Tieren gemäß angelegt.

Die Größe des Teichs beeinflusst auch die Herausbildung eines natürlichen Gleichgewichts. Wenn Sie viele Buchten und Nischen als Lebensräume für Pflanzen und Tiere schaffen, tragen Sie zur Stabilisierung dieses Gleichgewichts bei.
Die Entwicklung der Teichlandschaft ist zudem von der Lage abhängig. So gedeihen auf der Sonnenseite andere Lebewesen als an einem schattigen Ort. Ideal ist eine halbschattige, geschützte Lage.

Schon bald nach der Anlage ist ein richtig angelegter Teich attraktiv

Achten Sie darauf, dass kalte Nordwinde nicht ungehindert über das Wasser fegen können und zugleich die Sommersonne gelindert wird, damit sie das Wasser nicht zu sehr erwärmt. Der Teich soll zudem einerseits gut zugänglich sein, anderseits aber sollten dichte Pflanzgruppen den Teich einfassen, um Tieren Schutz zu gewähren.

Gewöhnlich ist die Anlage eines Gartenteichs ohne **Baugenehmigung** möglich. Erkundigen Sie sich vor dem Bau aber beim Ordnungsamt Ihrer Gemeinde, denn in den Bundesländern herrschen unterschiedliche Gesetze. Das ist vor allem wichtig, wenn Sie einen Hochteich oder ein dauerhaftes Betonbecken mit Stahlarmierung bauen wollen.

Besprechen Sie Ihren Plan auch mit den Nachbarn, damit es später nicht zu Streitereien wegen quakender Frösche, dem Samenflug wuchernder Uferpflanzen oder ähnlicher Nebenerscheinungen kommt.

In der Regel wird man sich aber einigen können, zumal jeder Teich das **Kleinklima** über die Grundstücksgrenze hinaus verbessert. Ein Teich wird sich zwar infolge natürlicher Prozesse ständig wandeln, bei seinem Bau legen Sie aber doch bestimmte Grundstrukturen fest, die später kaum noch zu ändern sind. Bedenken Sie, dass beispielsweise eine Lage in voller Sonne normalerweise sehr üppigen Algenwuchs zur Folge hat, insbesondere dann, wenn nährstoffreiche Erde ins Teichbett gefüllt wurde.

Eine richtige Pflanzenwahl macht den Teich zum Biotop

Profitipp

Damit der Teich nicht schon nach wenigen Jahren zu klein wird, sollten Sie sich für den Erdaushub genügend Zeit nehmen.

Langfristig gesehen lohnt sich in jedem Fall der Kauf einer guten Teichfolie mit Garantie sowie einem Teichvlies als Polster. Eine solche Dichtung ist die beste Gewähr für einen haltbaren Teich und verursacht keine Reparaturkosten. Schon hier sei bemerkt, dass spezielle Teichfolien wohl der beste Baustoff für kleine Gartenteiche sind.

Ausgewählte Vegetation im Halbschatten

Der ideale Platz für einen Teich

Im Prinzip bietet sich jede Lage für den Teichbau an, da ja auch die Natur an den unterschiedlichsten Plätzen – so an Nordhängen und an Sonnenseiten, in rauhen Regionen ebenso wie in milden Gegenden – Tümpel, Weiher und Seen schafft.

Allerdings wird der Zustand jedes Gewässers wesentlich von seiner Lage und Umgebung bestimmt. So gibt es in freier Natur Seen in schattiger Lage, die das ganze Jahr kalt, dunkel und unbewohnbar sind, Weiher auf moorigem Grund, in deren saurem Wasser nur bestimmte Pflanzen gedeihen, oder auch Tümpel, die voller Leben stecken.

Natürlich wirkt die Umgebung auch auf den Gartenteich. So bleibt zum Beispiel ein tiefer Teich auf der Nordseite im Schatten des Wohngebäudes auch im Sommer kühl, während ein Teich an einem Südhang vom Frühling bis zum Herbst warmes Wasser bietet.

Die Lage hat deshalb auch einen bestimmenden Einfluss auf die Entwicklung der Teichflora und -fauna, zumal das Wachstum von Pflanzen und Tieren entscheidend vom Klima geprägt wird. Während beispielsweise Fische in einem kühlen Teich kaum wachsen, werden sie in warmem Wasser schnell größer.

An der Terrasse ist der Wassergarten gut sichtbar

Selbstverständlich ist das Wachstum von der Art der Pflanzen und Tiere abhängig. So bleiben gezüchtete Zwergformen aller Pflanzen und Tiere auch bei idealen Bedingungen auf Lebenszeit klein. Andererseits können wüchsige Teichbewohner zum Problem werden, wenn sie genügend Wärme und Nahrung bekommen.

In jedem Fall ist eine günstige Lage Voraussetzung für die gesunde Entwicklung der Teichgesellschaft. Aus diesem Grund sollten Sie den **Bauplatz** für den Gartenteich sorgfältig auswählen sowie erschließen und dabei angrenzende Gebäude sowie Pflanzen beachten.
Obwohl auch stark frequentierte Gartengelände wie ein Vorgarten oder ein Platz an der Straße in Frage kommen, ist doch ein ruhiger Ort in geschützter Lage vorzuziehen.

Ideal ist ein sonniger Platz an der Terrasse oder ein Sitzplatz unweit des Hauses. Der Ort sollte groß genug für den Teich und die umgebenden Uferpflanzen sein.

In der Nähe stehende Bäume schaden nicht, doch sollte der Teich täglich einige Stunden besonnt werden, damit die ausgewählten Pflanzen üppig gedeihen. Eventuell müssen einige Äste weggeschnitten werden. Zudem ist in der Regel vor dem Auskleiden des Teichbetts ein Wurzelschutz (z. B. ein Vlies) nötig.

Seerosen zur Schattierung

Profitipp
Eine sehr sonnige Lage kann übermäßigen Algenwuchs zur Folge haben. Um diesem vorzubeugen, können Sie einen lichten Baum oder Schwimmblattpflanzen in die Teichvegetation aufnehmen.

Bevor Sie sich endgültig für den gewählten Ort entscheiden, sollten Sie den Boden ergründen. Dabei kann auch ein Bauplan nützlich sein, in dem unterirdische Leitungen und Baulichkeiten eingetragen sind.

Teich im Halbschatten

Teichzugang absichern

Vorsicht: Teichzugang für Kinder immer absichern

Ein Zaun ist nicht schön, aber sicher

Die Freude an Ihrem Teich kann Ihnen rasch vergehen, wenn Sie den Zugang zum Wasser nicht richtig sichern. Lassen Sie es nicht so weit kommen, sondern denken Sie schon bei der Anlage des Teichs an gefährdete Personen und auch an Tiere. Besonders wichtig ist dies bei Gartenteichen mit steiler Böschung.

Vergessen Sie dabei kleine Wasserbecken und Brunnen nicht, denn auch sie bergen Gefahren. Achten Sie allerdings stets darauf, dass die Sicherung nicht zu einer neuen Gefahrenquelle wird! Kinder sind besonders gefährdet, denn meist nützen weder Erklärungen noch Ermahnungen, um sie vom Wasser fern zu halten.

Sicherheitstipp

Manchmal bleibt nichts anderes übrig, als den Teich zu leeren und festes Material einzufüllen. Sand statt Wasser ist besonders empfehlenswert, wenn Sie Kleinkinder haben. Damit lässt sich der Teich schnell zum Spielplatz umwandeln. Sind die Kinder größer, lässt sich der Sand entfernen, und der Teich kann von neuem geflutet werden.

Problematisch ist diese Übergangslösung allerdings bei Folienteichen. Hier muss die Folie mit Teichvlies oder einem anderen Schutzmantel ausgekleidet werden, damit die Folie weder durch Spielgeräte noch durch das Werkzeug beim Einfüllen beziehungsweise Ausheben der Sandfüllung verletzt wird.

Bei großen Teichen empfehlen sich andere Lösungen, da riesige Sandmengen notwendig wären, die kaum zu beschaffen und zu bewältigen sind.
Haben Sie einen sehr großen, tiefen Gartenteich, der zudem noch abseits des Hauses liegt, wird Ihnen oft nichts anderes übrig bleiben, als ihn vorübergehend einzufrieden. Wenn der Zaun auch klotzig wirkt und den Blick auf Ihren Teich versperrt, schützt er doch zuverlässig vor Stürzen ins Wasser. Zudem lässt sich auch diese Sicherung später leicht wieder entfernen.

Keinesfalls sollten Sie Ihren Teich hingegen mit Baustahlgewebe sichern. Zwar fällt das grobe Maschendrahtgeflecht nicht sehr auf und mag für Wasserstauden eine praktische Stütze darstellen, für Menschen aber ist dieses Material eine Gefahr. Bei einem Sturz ins Wasser kann man nämlich sehr leicht im Gitter hängen bleiben und sich allein nur mit Mühe befreien. Vor allem für Kinder sind grobe Drahtgitter eine Gefahr und kein Schutz!

Profitipp
Statt eines groben Geflechts kann ein engmaschiges, starres Drahtgewebe als Sicherung dienen. Es sollte aber die ganze Wasserfläche überspannen. Dazu schneidet man das Gewebe mit einem Bolzenschneider zu und senkt es flach ins Wasser ein, sodass es rundum auf der Flachwasserzone aufliegt, ohne die Folie zu verletzen (unterlegen Sie sie beispielsweise mit Ziegel). Unter Wasser ist dieses Gitter kaum sichtbar, dennoch fängt es Fallende sicher auf.

Steile Ufer und Böschungen sind für viele Tiere unüberwindbare Hindernisse. Sie sollten deshalb zumindest eine flache Uferzone schaffen, sodass sich ins Wasser fallende Tiere (z. B. über ein Brett) allein wieder befreien können.

Einfriedung an der Straße

Maschendraht im Wasser

Folien für wasserfeste Teichschalen

Folien passen sich genau dem Teichbett an

Das gebräuchlichste Material für den Teichbau ist ***Folie,*** denn sie lässt sich leicht verarbeiten, ist elastisch, hundertprozentig wasserdicht und kostet relativ wenig. Leider birgt diese Universal-Teichschale wesentliche Nachteile in sich. Zunächst muss der Kunststoff aufwendig erzeugt werden. Die Verbindungen, die dabei entstehen, enthalten zum Teil Elemente (wie Cadmium und Chlor bei PVC-Folien), die giftig wirken können, wenn sie beispielsweise bei der Verrottung der Folie wieder frei werden. Denn obwohl manche Hersteller zehn Jahre Garantie gewähren, wird doch jede Folie langsam abgebaut. Besonders ärgerlich ist es, wenn an einem richtig schön verwachsenen Teich Reparaturen nötig werden.

Allerdings können Sie die Haltbarkeit durch den Kauf empfehlenswerter Markenware und richtige Verarbeitung entscheidend beeinflussen. Sparen Sie deshalb nicht an der falschen Stelle, wenn Sie sich für einen Folienteich entscheiden. So sehr Billigangebote locken, so unsicher ist ihre Festigkeit. Achten Sie insbesondere darauf, dass die Folie frostbeständig ist. Völlig ungeeignet sind herkömmliche Polyethylenfolien wie etwa Haushaltsfolien und Plastikplanen. Sie sind zwar umweltfreundlich, aber sie werden mit der Zeit spröde und reißen.

Profitipp
Ideal sind so genannte Öko-Teichfolien (PE), die den anderen vorzuziehen sind. Sie sind äußerst haltbar und dennoch umweltverträglich.

Teichfolien aus PVC sind Weichmacher und Stabilisatoren beigemengt, die vor Beschädigungen durch UV-Strahlen schützen. Außerdem enthalten sie Chlor, das bei der Verbrennung entweicht und giftig wirkt.

Sicherheitstipp
Achten Sie beim Folienkauf auf die Stärke. Am besten ist eine 1-mm-Folie. Sie ist äußerst reißfest, und sie lässt sich dennoch gut verarbeiten.

Diese 1-mm-Folie hat außerdem den Vorteil, dass sie sozusagen

Vorzugsweise PE-Folie wählen

wurzelsicher ist. Eine direkte Gefahr von Wurzelschäden droht nur von nahe stehenden Gehölzen. Aber auch diese suchen sich meist den einfacheren Weg und schieben sich an der Folie vorbei, statt sie zu durchdringen. Dabei drücken sie zwar auf die Folie, doch das elastische Material gibt bis zu einem gewissen Grad nach, ohne zu reißen.

Dennoch sollten Sie das Teichbett beim Bau mit Folie sehr sorgfältig vorbereiten. Insbesondere ist es wichtig, dicke Wurzeln zu durchtrennen und spitze Gegenstände auszugraben oder zu polstern. Die Mühe lohnt sich, denn ein gepolstertes Teichbett verlängert die Lebensdauer der Folie merklich.

Gefahr kann der Folie nicht nur durch spitze Steine oder Scherben drohen, sondern auch durch andere Baustoffe; vor allem können künstliche Materialien Löcher verursachen. Unverträgliche Kleber, Dichtungsbänder oder auch Teerpappe und Ähnliches greifen die Teichfolie an und lösen sie an den Berührungsstellen auf. Verstärken oder kleben Sie die Folie nur mit empfohlenen Hilfsstoffen.

Vermeiden Sie auch Verbindungen der Teichfolie mit imprägniertem Holz. Wenn Sie beispielsweise einen Holzteich aus Eisenbahnschwellen mit Folie auskleiden wollen, sollten Sie beide Baustoffe mit Vlies oder einer anderen Schutzmatte trennen.

Kaufen Sie die Folie nach dem Erdaushub am besten als ganzes Stück, denn die Hersteller haben mehr Übung im Verschweißen von Einzelstücken als Sie. Sie können im Übrigen auch Sondermaße bestellen. Wichtig ist insbesondere, dass Sie die Folie größer kaufen als nötig. Sie muss am Ufer noch überstehen, wenn sie vom Wasserdruck fest ins Teichbett gepresst wird.

Die Folie liegt sicher auf dem Teichvlies

Fertigteile aus Kunststoff

Verschiedene Kunststoffbecken

Starre Becken geben die Form vor

Neben der elastischen Folie bietet sich Hartkunststoff als Teichbaumaterial an. Die starren Becken, die meist aus **Polystyrol** hergestellt werden, sind stabiler als jede Folienauskleidung. Sie vertragen es auch, wenn beispielsweise mal ein Hund ins Wasser springt, was allerdings nicht zur Gewohnheit werden soll. Leider sind Hartkunststoffbecken teuer und geben zudem die Teichform vor; allerdings sind viele Typen in verschiedenen Formen und Größen auf dem Markt.

Fast alle Becken haben unnatürlich steile Ufer, weshalb es oft Jahre dauert, bis die Pflanzen den nackten Kunststoff überwallen und den Teich in den Garten eingebunden haben.

Auch der Einbau ist ziemlich schwierig, da sich der steife Kunststoff nicht in das Teichbett schmiegt. Dadurch entstehen oft Hohlräume, die mühsam gefüllt werden müssen, damit das Becken fest im Boden sitzt. Es darf sich dabei nicht verziehen, denn Verspannungen würden irgendwann Risse verursachen.

Werden diese Becken aber richtig ausgewählt, eingebaut und bepflanzt, können sehr schöne Teiche entstehen, die sich zudem durch ihre dauerhafte Schale auszeichnen.

Neuerdings sind auch Fertigteiche aus glasfaserverstärktem **Polyester** im Handel, die im Baukastensystem verschraubt werden. Damit lassen sich große Wassergärten gestalten.

Der Eigenbau mit diesen Fertigteilen ist aber kaum zu bewältigen. Entscheiden Sie sich für einen solchen Teich, sollten jedenfalls mehrere Leute beim Teichbau mithelfen. Es ist wichtig, dass die Teichelemente völlig plan auf einem Sandbett zusammengestellt, richtig verschraubt und wasserdicht versiegelt werden.

Profitipp

Kein Problem ist die Gestaltung kleiner Wasserbecken mit Kunststoffwannen, die in verschiedenen Formen und Größen angeboten werden. Wenn Sie mehrere (z. B. Mörtelwannen) nebeneinander in den Boden einsenken, entstehen kleine Wassergärten.

Beton für den Gartenteich

Beton muss nicht hässlich sein, es kommt darauf an, was man daraus macht. Beton ist sehr stabil, dauerhaft und – was viele angesichts hässlicher Betonbauten vergessen haben – auch ein natürlicher Baustoff. Er besteht aus Zement (aufbereiteter Kalkstein), Kies und Wasser, schädigt also die Natur weder durch chemische noch durch andere Giftstoffe. Der Abbau von Kalk und Zement ist allerdings nicht umweltverträglich, aber in kleinen Mengen vertretbar.

Die Langlebigkeit des Materials zeigt sich an den Betonteichen in alten Gärten, die manchmal schon vor über hundert Jahren gebaut wurden und heute noch dicht sind. Es gibt symmetrische Teiche mit geraden Wänden ebenso wie frei modellierte mit geschwungenen Formen.
Auch Sie können aus Beton beliebige Formen schaffen. Dabei muss der Beton, wie jeder andere Teichbaustoff, auf einen geeigneten Unterbau aufgetragen werden. Zudem ist eine Armierung mit Baustahlgewebe nötig, die den Druck des Wassers von innen und der Erde von außen auffängt.

Beton ist zähflüssig und gut formbar. Wollen Sie nicht frei modellieren, können Sie mithilfe einer Schalung gerade Wände bauen. Wasserdicht wird der Beton entweder durch Zusatzstoffe, die in den flüssigen Beton eingerührt werden, oder indem Sie nach dem Trocknen wasserfeste Farben oder eine Dichtungsschlämme auftragen.

Die wesentlichen Nachteile von Beton sind sein hohes Gewicht und die etwas aufwendige Herstellung. Den Beton selbst zu mischen, lohnt sich deshalb nur bei kleinen Teichen. Auch dazu brauchen Sie relativ große Mengen, da die Wände mindestens 10 bis 20 cm dick sein müssen.

Trotzdem wird ein Betonteich nicht teurer als ein Folienteich. Für ein großes Becken sind etliche Tonnen Beton nötig, zu dessen Herstellung ein Betonmischer erforderlich ist.

Stattdessen können Sie den Teich ebenso mit **Fertigbeton** bauen, der auf Bestellung angeliefert und dann ins Teichbett beziehungsweise in die Schalung gepumpt wird.

Betonring

Frischer Beton ist formbar

Lehm oder Ton

Tonteichschale

Lehmschale

Lehm oder Ton sind gewachsene Baustoffe, die gerne aus ökologischen Gründen als Teichbaumaterial verwendet werden. Leider sind aber weder Lehm noch Ton absolut wasserdicht; beide Naturstoffe ziehen sogar ein wenig Wasser. Selbst die im Handel angebotenen Teichbauelemente aus Ton lassen ein wenig Wasser durch.

Zudem haben sowohl Lehm als auch Ton ein hohes Gewicht, das die Beschaffung sehr schwierig macht. Der Bau eines Lehm- oder Tonteichs ist deshalb nur anzuraten, wenn Sie beim Teichaushub auf Lehm stoßen oder von einer nahe gelegenen Ziegelei ungebrannte Tonziegel bekommen können.

Bedenken Sie, dass der Teichbau viel Mühe mit sich bringt, da die Lehmschicht beziehungsweise die Tonziegel richtig festgestampft werden müssen.

Doch auch die beste Verarbeitung und Verdichtung können nicht verhindern, dass irgendwann Baumwurzeln die Teichschale durchdringen und zerstören und dass die Sonne das Becken austrocknet und Risse verursacht.

Profitipp
Ein Lehmteich lässt sich wasserdicht versiegeln, indem Sie die Lehmschale mit einer dünnen Folie auskleiden. Der natürliche Charakter bleibt gewahrt, wenn dazu eine Kautschukfolie verwendet wird, die Sie eventuell noch mit einer zweiten Lehmschicht oder mit Kieseln bedecken. Eine Teichschale dieser Art ist normalerweise verrottungsfest, da die Folie geschützt im Lehm oder in Lehm und Kies eingeschlossen ist.

Sie können eine Lehmschale auch mit einem Bindemittel (etwa »Hydrosil«) wasserfest abdichten. Dazu wird eine dünne Schicht dieses neuentwickelten Materials auf das fertige Teichbett aufgetragen, auf das feines Auffüllmaterial (z. B. Sand) kommt.

Die beiden Lagen müssen nun festgestampft werden. Kommt die Schicht dann mit Wasser in Berührung, »bäckt« sie richtig fest zusammen.

Holz als Baustoff

Holz ist ein schönes Baumaterial bei der Gartengestaltung. Auch am Wasser wirkt Holz dekorativ. Allerdings müssen Holzarten, die nicht von Natur aus widerstandsfähig gegen Nässe sind, isoliert werden. Besonders gefährdet sind die Übergangsstellen vom Wasser beziehungsweise von der Erde zur Luft. Dort setzt die Verrottung besonders schnell ein. Deshalb setzt man Holzkonstruktionen stets auf Pfostenanker, sodass die »Holzfüße« luftig stehen.

Beim Teichbau ist das jedoch kaum möglich, da das Holz in diesem Bereich vor allem zur Uferbefestigung, zum Brückenbau oder zu anderen Konstruktionen dient, die direkt in oder am Wasser stehen.

Sicherheitstipp
Am Wasser, insbesondere am Teich, sollte das Holz nicht imprägniert werden, da Holzschutzmittel Giftstoffe beinhalten, die vom Wasser ausgespült werden.

Aus diesen Gründen sollten Sie beim Teichbau witterungsbeständiges Holz benützen, das »dem Zahn der Zeit« ohne Schutz standhält.

Holzbohlen eignen sich als Einfassung

Früher wurden dazu tropische Hölzer verbaut, die heute aus ökologischen Gründen nicht mehr empfohlen werden können, es sei denn, sie stammen aus kontrollierten Forstgebieten, in denen der Baumbestand nicht gerodet, sondern gepflegt und mit Sorgfalt genutzt wird. Im Garten sollten Sie trotzdem Alternativen wählen und entweder robuste heimische Hölzer (wie Eiche oder Lärche) verbauen, oder weniger robuste Hölzer (etwa Fichte und Kiefer) mit ungiftigen Holzschutzmitteln schützen.

Profitipp
Holz plus Kunststoff ist beim Teichbau eine empfehlenswerte Kombination, zumal Holz allein keine dichte Teichschale ergibt. Allenfalls lassen sich kleine Wassergärten ausschließlich mit Holz gestalten, wobei dann Eichenfässer als Behälter dienen sollten.

Als Träger für einen Kunststoffbottich oder als Wandung eines

Folienteichs bietet sich hingegen jedes Bauholz an, da hier das Kunststoffbecken das Wasser aufnimmt. Das Holz wird in diesem Fall nur selten, beispielsweise beim Fluten des Beckens, nass und ist deshalb kaum gefährdet. Ein derartiger Holzmantel kann deshalb auch imprägniert werden, weil das Imprägniermittel weder durch einen Kunststoffbottich noch durch die Folie ins Wasser dringen kann. Allerdings ist ein Schutzmantel für die Folie erforderlich, damit sie vom Imprägniermittel nicht angegriffen werden kann. Eine Vliesmatte, mit der Sie den Holzaufbau auskleiden, gibt sicheren Schutz.

Sicherheitstipp

Selbstverständlich sollten Sie das Holz auch dann nur mit einem ungefährlichen Imprägniermittel behandeln, wenn es nicht direkt mit dem Wasser oder mit dem Kunststoff in Berührung kommt. Schließlich sollen keine Giftstoffe in die Erde dringen oder in die Luft entweichen. Giftstoffe aus imprägniertem Holz schränken nämlich nachweislich das Wachstum nebenstehender Pflanzen ein.

Ein Holzkasten lässt sich gut mit Folie abdichten

Aus diesem Grund ist die Verwendung der ansonsten idealen Eisenbahnschwellen nur bedingt zu empfehlen. Sie sollten zumindest durch Beton oder ähnliche Materialien abgekapselt sein. Schließlich sei noch darauf hingewiesen, dass Sie einfachstes Holz indirekt als Teichbaumaterial nutzen können, indem Sie damit eine Schalung für einen Betonmantel bauen.

Polsterung und Unterbau

Jede Teichschale ist nur so dauerhaft wie ihr Schutzmantel. Aus diesem Grund ist es wichtig, das Teichbett nach dem Erdaushub zu polstern, wenn der Boden nicht aus Sand, Lehm oder einem anderen feinkörnigen mineralischen Substrat besteht.

Keinesfalls sollten Sie die Teichschale direkt auf humosen, durchwurzelten Boden auftragen, denn die Humusstruktur verändert sich mit der Zeit durch zahlreiche Bodenlebewesen und organische Bestandteile. So können sich beispielsweise aufgrund absterbender Wurzeln Hohlräume bilden, die dem ständigen Druck der Teichschale früher oder später nachgeben. Diese Spannungen können schließlich Risse zur Folge haben.

Ebenso wenig eignet sich steiniger Boden als Unterlage für die Teichschale, denn die Steine drücken auf die Wandung. Insbesondere gilt dies, wenn sie vom Frost, der bis in eine Tiefe von etwa 70 cm wirkt, hochgeschoben werden. Mit der Zeit wird die Teichschale durch die ständigen Spannungen mürbe.

Sand ist billig und gut zu verteilen

Am einfachsten können Sie einen geeigneten Unterbau auf einem sandigen oder lehmigen Grundstück vorbereiten. Hier brauchen Sie nach dem Erdaushub nur Steine, Wurzeln und andere grobe Bestandteile zu entfernen. Nach dem Glätten der Unebenheiten ist das Teichbett bereit zum Auskleiden. Eventuell müssen zudem dicke Wurzeln lebender Bäume abgetrennt werden, wenn sie in das Teichbett ragen. Das geschieht mit einer Säge, nachdem Sie die Wurzeln möglichst weit freigelegt haben.

Profitipp

Ist der Boden aber stark durchwurzelt oder sehr steinig, lohnen sich Räumarbeiten kaum noch. Dann sollten Sie das Teichbett etwa 20 cm tiefer als geplant auskoffern und mit einer ebenso dicken Sandschicht auskleiden.

Diese zusätzlichen Erdarbeiten machen zwar Mühe, doch sie sparen später Reparaturen, denn auf einem feinen Sandpolster liegt jede Teichschale richtig.

Teichvlies schützt die Folie sicher vor spitzen Gegenständen

Notfalls dienen alte Teppiche zur Polsterung

Der Handel bietet statt Sand auch spezielle Teichschutzmatten an. Diese verrottungsfesten Vliesmatten aus Kunststoff wurden speziell als Unterlage für Teichfolien entwickelt. Sie sind selbst für Glasscheiben kaum zu durchdringen und geben der Teichfolie so einen optimalen Schutz von unten. Außerdem lassen sie sich wegen ihres geringen Gewichts leicht verlegen, zumal an steilen Böschungen, wo eine Schutzschicht aus Sand kaum noch haften würde.

Allerdings haben die Teichschutzmatten aus Vlies ihren Preis; so kostet ein Quadratmeter schon so viel wie ein Quadratmeter einer billigen Teichfolie. Prüfen Sie deshalb, ob der Boden am gewählten Platz in Ordnung ist.

Bauen Sie Ihren Teich am Hang, ist es wichtig, die Böschungen zu sichern. Die Rückseite zum Hang muss eventuell mit einer Mauer oder einer Palisade gestützt werden, falls beim Erdaushub eine steile Böschung entstanden ist. Zudem muss der Teich auch vorne am Hang gesichert werden, wenn Sie den Erdaushub dort aufgeschüttet haben.

Pumpen und Filter

Jeder richtig angelegte Teich bleibt normalerweise ohne Zutun sauber, wenn ausgewählte Pflanzen das Wasser mit genügend Sauerstoff versorgen. Auch die Trübungen nach der Anlage, nach einem Gewitter oder durch die Algenblüte im Frühjahr klären sich von selbst, wenn Sie weder nährstoffreichen Boden noch wühlende Fische eingebracht haben. Sollten Sie allerdings Gestaltungsfehler begangen haben, können auch die besten Pumpen und Filter das Wasser nicht klären.

Im Übrigen stören Pumpen und Filter einen gesunden Teich eventuell sogar, wenn beispielsweise der Strudel, den eine Pumpe verursacht, empfindliche Pflanzen behindert oder wenn ein Filter nützliche Mikroorganismen aus dem Wasser saugt.

Manchmal will oder kann man aber aus verschiedenen Gründen nicht auf eine Pumpe oder einen Filter verzichten, so etwa, wenn ein Springbrunnen Bewegung ins Wasserbecken bringen soll oder wenn ein fließender Bach zur Anlage gehört, der ständig Schmutzteilchen transportiert, die zum Schutz der Pumpe gefiltert werden müssen. Verschiedene Hersteller bieten eine Reihe von **Pumpen** unterschiedlicher Funktionsweise an. Im Prinzip unterscheidet man zwischen Kolbenpumpen, bei denen ein Kolben das Wasser hochpresst, und Kreiselpumpen, bei denen ein Propeller das Wasser in Bewegung setzt.

Kolbenpumpen sind sehr leistungsfähige Saugpumpen, die auch bei trockenem Stand über Wasser funktionieren. Man benützt sie deshalb vorzugsweise als Entwässerungspumpen. Da sie das Wasser relativ hoch transportieren können, werden sie auch zum Fördern beispielsweise von Brunnenwasser eingesetzt. Kolbenpumpen eignen sich wegen ihres hohen Stromverbrauchs nicht für den Dauerbetrieb im Gartenteich, hier haben sich die sparsamen Kreiselpumpen besser bewährt.

Kreiselpumpen sind Tauchpumpen, das heißt, sie müssen tief in den Teich oder in einen gefluteten Schacht neben dem Teich eingesenkt werden, damit sie niemals trocken laufen. Selbst-

Pumpe für einen Bach

Pumpen mit Zubehör

verständlich besteht durch den Unterwasserbetrieb die Gefahr eines Kurzschlusses. Das kann gefährlich werden, wenn Sie dann mit dem Wasser in Berührung kommen.

Sicherheitstipp
Wählen Sie nur ein Markenprodukt mit Sicherheitsgarantie, das zusätzlich mit einem Fehlerstromschutzschalter (FI-Schalter) gesichert wird. Hier schaltet sich der Strom bei einem Defekt in Sekundenbruchteilen sofort ab.

Bei der Auswahl der richtigen Pumpe spielt natürlich der gewünschte Effekt eine Rolle. Es gibt Teichpumpen, die mit einer Stromleistung von etwa 700 Watt bis zu 300 Liter Wasser in einer Minute befördern. Derart leistungsfähige Pumpen können eine Wassersäule von über 7 m erzeugen.

Die Fördermenge vermindert sich aber mit zunehmender Förderhöhe. So strömen bei dem oben genannten Exemplar 225 l/min aus der Düse, wenn die Wassersäule auf 50 cm justiert ist. Bei einer Wassersäule von 7 m verringert sich die Wassermenge auf etwa 15 l/min.

Profitipp
Die Investition in eine derart leistungsstarke Pumpe lohnt sich nur, wenn Sie einen Wasserfall oder einen imposanten Springbrunnen betreiben wollen. Vergessen Sie nicht, dass starke Pumpen viel Strom brauchen!

Für einen kleinen Springbrunnen genügt indessen schon eine schwache Pumpe mit nur 40 Watt, die etwa 20 Liter Wasser

Defekte **Solarstrompumpen** stellen im Gegensatz dazu grundsätzlich keine Gefahr dar. Selbst bei einem Kurzschluss ist der Fehlerstrom harmlos.

Achten Sie beim Kauf einer Pumpe auf Zusatzelektronik (z. B. Drehzahlregler), mit der Sie die Leistung steuern können. Damit lässt sich die geförderte Wassermenge jederzeit regulieren. Sie können so etwa einen Springbrunnen am Tag sprudeln lassen und während der Nacht drosseln.

Verschiedene Sprudler

pro Minute 1 m hoch befördert. Derart schwache Pumpen lassen sich auch sehr gut ohne Strom aus der Steckdose mit einem Solarmodul betreiben.

Pflege brauchen die Kreiselpumpen nicht, falls Sie sie richtig unter Wasser eingebaut und fest waagrecht montiert haben. Sie sollten die Pumpe auch im Winter außer Betrieb im frostfreien Wasser stehen lassen.

Wenn dies wegen zu geringer Teichtiefe nicht möglich ist, ruht die Pumpe am besten in einem Eimer Wasser im Haus. Auf jeden Fall muss sie im Winter stillstehen, damit sie nicht blockiert wird, wenn sich Eis im Förderrohr und in der Düse bildet.

Zum Thema **Teichfilter** sei vorweg gesagt, dass ein gesunder Teich keinen Filter braucht. Dennoch wird der Vollständigkeit halber darauf hingewiesen.

Funktionelle Teichfilter sind in der Regel mit einer Kreiselpumpe kombiniert. Die Pumpe saugt das Wasser durch einen Schaumstoff-Filter an, der die Trübstoffe festhält. Dadurch ver-

Handschwengelpumpe

Solarpumpen

Kräftiger Sprudel einer Solarpumpe

ringert sich natürlich die Leistung der Pumpe.

Wenn Sie Ihre Teichpumpe mit einem Filter betreiben wollen, sollten Sie einen Leistungsverlust von etwa 20 Prozent bei der Auswahl der Pumpe aufrechnen.

Achten Sie unbedingt darauf, Pumpe und Filter dem Teichvolumen entsprechend zu wählen. Diese Kombination sollte das gesamte Teichwasser 4- bis 5-mal täglich durchsaugen und filtern können. Dazu ist für einen Teich mit einer Wasseroberfläche von 30 m² eine Pumpe mit etwa 150 l/min Förderleistung nötig. Der Filter kann dabei getrennt von der Pumpe platziert oder unmittelbar mit dieser zusammengeschlossen sein.

Einmal pro Jahr sollten Sie den Filter der Betriebsanleitung entsprechend reinigen. Auch beim Einsatz eines Filters sollten Sie Wirkung und Nutzen abwägen, zumal er mit hohem Stromverbrauch verbunden ist. Außerdem können Pumpe, Springbrunnen oder ein fließender Bach für eine Wassertrübung verantwortlich sein, da dadurch beispielsweise Erde aufgewirbelt und ins Wasser gespült werden kann. In diesem Fall ist die Ursache der Trübung leichter durch den Umbau des Springbrunnens oder eine Säuberung der Quelle zu beseitigen als durch den Einbau eines Filters.

Zudem sind vorübergehende Trübungen sicher nicht allzu störend. Neben Kreiselpumpen für den Dauerbetrieb im Teich und Kolbenpumpen zur Förderung von Gießwasser oder Grundwasser können auch **Handschwengelpumpen** beim Teichbau eine Rolle spielen. Vor allem sind diese preiswerten und robusten Pumpen nützliche Hilfsmittel bei der Förderung von Brunnenwasser für die Teichversorgung. Zudem sind die Gusseisenpumpen dekorative Gestaltungselemente am Teich, die jederzeit betriebsbereit sind.

Profitipp

Mittels Verteiler ist es möglich, an ein Saugrohr (z. B. bei Brunnen) zusätzlich eine elektrische Pumpe anzuschließen. Bei Bedarf lässt sich damit Wasser zum Nachfüllen des Teichs fördern.

Zubehör: nützlich und dekorativ

Jede Teichanlage erfordert zumindest für den Wasserzu- und -ablauf bestimmte Zubehörteile. Das kann im einfachsten Fall ein Wasserschlauch sein, der das Regenwasser vom Dach zum Teich führt.

Meist ist aber mehr Zubehör nötig. Dies ist vor allem so, wenn Sie den Teich nicht nur für Tiere und Pflanzen anlegen wollen, sondern auch Wasserspiele und andere Elemente einplanen. Der Handel bietet neben den Teichpumpen und -filtern allerlei Zubehör an, womit Sie besondere Effekte im und am Wasser erzeugen können. Da gibt es die verschiedensten Düsen, die, auf die Teichpumpe gesteckt, Wasserglocken, Springbrunnenkaskaden und andere Figuren entstehen lassen.

Verschiedene Wasserschläuche

Sprudelsteine, Wasserspeier oder Schaumfontänen können ebenfalls mithilfe der Teichpumpe betrieben werden. Selbst für besondere Lichteffekte sind spezielle Teichlampen erhältlich. Bevor Sie aber irgendwelche Einrichtungen installieren, sollten Sie stets die Auswirkungen auf die gesamte Teichanlage beachten und Fehlinvestitionen oder gar Nachteile für die Natur vermeiden.

Vergewissern Sie sich so beispielsweise, ob der vorgesehene Springbrunnen ohne Schaden für nebenstehende Pflanzen sprudeln kann, ob die Leistung der Pumpe ausreicht, um die gewünschte Fontäne zu erzeugen und ob die geplanten Unterwasserscheinwerfer eventuell Tiere stören.

Vielleicht ändern Sie die ursprüngliche Planung so, dass Sie den Springbrunnen nicht in den Teich, sondern in ein getrenntes Becken installieren, eine leistungsfähigere Pumpe anschaffen oder statt Unterwasserlichtstrahlern nur eine Schwimmlampe einsetzen, die den Teich sichert, ohne die Tiere zu stören.

Wenn Sie sich für die richtigen Elemente zur Vervollständigung Ihrer Teichanlage entschieden haben (dabei können die Kataloge der Hersteller sehr hilfreich sein), sollten Sie beim Kauf des Zubehörs auf Haltbarkeit und Stabilität achten. So muss beispielsweise ein Schlauch, der als unterirdische Zuleitung zu einer Quelle dient, aus verstärktem Hartkunststoff bestehen, denn Schläuche aus weichem Material würden unter der Last der Erde gequetscht.

Wichtig ist auch, dass alle Leitungen mit den Anschlüssen der Pumpen, Wasserhähne, Filter und anderen Geräten zusammenpassen; zumindest müssen Adapter und Reduzierstücke dafür erhältlich sein, denn sobald die Leitungen verlegt sind, können sie kaum noch ausgetauscht werden. Achten Sie bei der Anschaffung elektrischer Geräte auf seriöse Prüfsiegel (wie VDE oder GS), damit das Spiel mit dem Wasser nicht zur Lebensgefahr wird.

Licht am Gartenteich

Alle Elemente müssen außerdem korrosionsbeständig sein – das gilt sowohl für Leitungen und Geräte als auch für Verbindungsstücke.

Sicherheitstipp

Auch wenn die Hersteller für die Sicherheit Ihrer Pumpe garantieren, können nach jahrelangem Betrieb Schäden entstehen. Aus diesem Grund sollte der Stromkreis nach der Einrichtung elektrischer Geräte mit einem Fehlerstromschutzschalter (FI-Schalter) gesichert werden.

Schließlich sei noch darauf hingewiesen, dass jedes Zubehörteil bereits vor dem Fluten des Teiches fest montiert werden muss, denn unter Wasser ist das kaum möglich. Prüfen Sie vorsichtshalber alle Geräte vor ihrer Montage, damit Sie fehlerhafte Teile eventuell vorher noch auswechseln können.

Wissenswertes zur Wasserqualität

Die Teichflora und -fauna wird wesentlich von der Wasserqualität bestimmt. Dabei ist weniger wichtig, ob das Wasser trüb oder klar ist; wichtig ist vielmehr, ob es sauer, neutral oder alkalisch ist, weich oder hart, und auch, ob es warm oder kalt ist.
Darüber hinaus spielt der **Sauerstoffgehalt** eine wichtige Rolle für das biologische Gleichgewicht des Teichs.

Bevor das Wasser aus dem Hahn fließt, hat es in jedem Fall verschiedene Aufbereitungsanlagen durchlaufen. Am Ende jeder Leitung plätschert jedoch gechlortes und oft sehr kalkhaltiges Trinkwasser ins Glas oder auch in den Gartenteich.

Das Chlor entweicht zwar, doch der Kalk schlägt sich nieder. Obwohl man den Kalkgehalt beispielsweise durch Filter reduzieren kann, bleibt doch stets ein bestimmter Anteil im Wasser gelöst übrig.

Die Wasserwerke geben übrigens den Gehalt an **Härtebildnern** (neben dem Kalk gehören auch Magnesium- und andere Salze dazu) in deutschen Härtegraden (DH) an. So sagt der Wert 10 DH, dass in einem Liter Wasser 100 mg Salze (CaO) gelöst sind. Sie können den Wert beim zuständigen Wasserwerk erfragen. Gewöhnlich liegen die Werte zwischen 8 DH (weiches) und 17 DH (hartes Wasser). In diesem Bereich gedeihen die meisten Pflanzen und Tiere. Eine Ausnahme stellen verschiedene Tropenpflanzen dar, die sehr weiches Wasser brauchen, aber wegen ihrer Frostempfindlichkeit im Teich nicht kultiviert werden können.

Der **pH-Wert** des Leitungswassers schränkt die Artenvielfalt an Pflanzen und Tieren gewöhnlich nicht ein. In den meisten Haushalten fließt Wasser mit dem als neutral bezeichneten pH-Wert von 6,5 bis 7 aus der Leitung. Liegt der Wert allerdings darunter, ist Vorsicht geboten, denn je niedriger der Wert ist, um so saurer ist das Wasser.

Profitipp
Sie können den pH-Wert übrigens ganz leicht mit einem Indikator messen, wie er beispielsweise in Gartenmärkten preiswert angeboten wird.

Regensammler mit Schlauchanschluss

Zisterne aus Betonringen

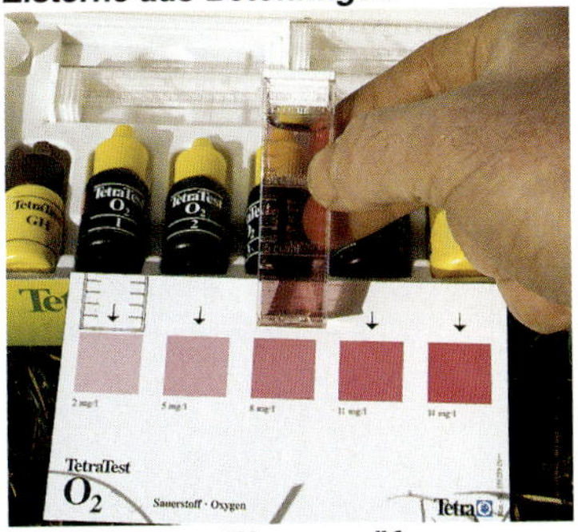

Minilabor zur Wasserprüfung

Fluten beim Ausbau

Trübes Wasser klärt sich selbst

Aufschäumen ist natürlich

Mit einem Indikator lässt sich auch feststellen, ob das Wasser alkalisch ist. Dies ist dann der Fall, wenn der Wert über 7 liegt. Je höher der Wert über 7 liegt, desto alkalischer ist das Wasser. Sollte tatsächlich alkalisches Wasser aus Ihrer Leitung fließen, können Sie es durch das Verschneiden mit saurem Wasser neutralisieren und damit als Teichwasser brauchbar machen. Saures Wasser kann manchmal als Regen von oben kommen. Sobald sich die Schmutzteilchen am Boden eines Sammelgefäßes abgelagert haben, kann deshalb Regenwasser mit dem akalischen Leitungswasser verschnitten werden.

Regenwasser bietet sich meist auch »pur« als Teichwasser an, denn nach dem ersten sauren und schmutzigen Regen, den Sie in die Kanalisation ableiten, regnet es in der Regel brauchbares Wasser.

Zur **Wasserqualitätsprobe** gehört auch eine Temperaturmessung. Zumindest sollten Sie mit den Fingern feststellen, ob das Wasser nicht zu kalt oder zu warm ist, denn die Temperatur bestimmt die Wassergüte wesentlich. So verkümmern sowohl Pflanzen als auch Tiere in zu kaltem Wasser, während andererseits übermäßig warmes Wasser zu regem Wachstum und nicht zuletzt auch zur Algenbildung anregt.

Bevor Sie Ihren Teich mit Wasser füllen, sollte das kalte Wasser aus dem öffentlichen Netz oder einem eigenen Brunnen auf jeden Fall temperiert werden. Dies geschieht am einfachsten, indem Sie es mit einer feinen Düse zerstäuben, sodass es von der Luft erwärmt wird. Nach dem Fluten gleicht sich die Wassertemperatur langsam an die Umgebung an und sinkt oder steigt je nach Wetterlage und Lufttemperatur.

Dabei spielen sowohl die Lage, als auch die Größe des Teichs eine Rolle. An einem geschützten Ort wirkt sich ein Wetterwechsel weniger stark auf die Wassertemperatur aus. Das gilt auch dann, wenn der Teich viel Wasser speichern kann.

Je flacher der Teich gebaut wird, um so größer sind die Temperaturschwankungen. So kann das Wasser im Sommer durchaus sehr warm sein, während es im Winter bis zum Boden durchfriert. Derartige Schwankungen sind natürlich weder für Tiere noch für Pflanzen günstig. Aus diesem Grund sollte jeder Teich mindestens 80 cm tief sein, sodass wenigstens in Bodennähe während des ganzen Jahres eine relativ gleichmäßige Wassertemperatur herrscht.

Schließlich bestimmt noch der Sauerstoffgehalt des Wassers seine Qualität. So ist beispielsweise im Winter mehr Sauerstoff im kühlen Wasser gelöst, als dies im Sommer der Fall ist, wenn die **Temperatur** auf etwa 20 °C steigt. Während des ganzen Jahres sind die Wasserpflanzen wichtige Sauerstoffproduzenten. Nur in der Nacht oder wenn eine Schneedecke das Wasser verdunkelt, assimilieren sie nicht. Dann verbrauchen sie selbst Sauerstoff für ihre Atmung.

Eine künstliche Belüftung ist allerdings auch dann unnötig, weil das Wasser in der Regel noch mit dem Sauerstoff gesättigt ist, den die Pflanzen bei Tageslicht mitproduziert haben. Übrigens sollten Sie im Winter weder den Schnee vom Teich räumen noch das Eis aufhacken. Dies schadet mehr als es nützt, weil Tiere und Pflanzen ihren Stoffwechsel bei Kälte reduzieren und kaum atmen, wenn sie ungestört bleiben.

In einem gesunden Teich besteht auch keine Gefahr durch Faulgase, die das Wasser verseuchen könnten. Vorausgesetzt, Sie haben keinen Humus oder Kompost eingefüllt. Beim Abbau der organischen Stoffe wird nämlich der Sauerstoff im Wasser mit der Zeit verbraucht.

Um dies zu verhindern, sollten Sie darauf achten, dass sich nicht zu viele abgestorbene Pflanzenteile am Grund ansammeln (z. B. Blätter etc.).

Eine Gefahr für die Wassergüte geht vor allem auch von abgestorbenen Algen aus, die sich besonders in nährstoffreichem Wasser üppig entwickeln.

Profitipp
Vorbeugend helfen hier Unterwasserpflanzen, die keine Algen aufkommen lassen, Wasserflöhe sowie Wasserschnecken, die eine Menge Algen verzehren.

Algen kann man abfischen

Dichter Bewuchs unterdrückt Algen

Haustiere verschmutzen das Wasser

Wasser- und Uferpflanzen

Teich nach der Anlage ...

Eingrenzung durch Folie

... und wenige Monate später

Verschlämmter Teich

Die Teichflora setzt sich aus Wasser- und Uferpflanzen zusammen. Ohne sie müsste man auf die Farbeffekte durch Blüten und Blätter verzichten und auch auf viele nützliche Insekten, die nicht zuletzt wegen der Pflanzen an den Teich kommen.
Bei den **Wasserpflanzen** unterscheidet man zwischen Schwimmblatt- und Tauchblattpflanzen sowie Pflanzen für die Sumpf- und Feuchtzone.

Uferpflanzen sind Gehölze, Stauden, Gräser und Einjährige. Schwimmblattpflanzen (z. B. Seerosen) wurzeln im Teichboden und treiben Blätter zur Wasseroberfläche. Andere Arten (wie die Krebsschere) schwimmen frei auf dem Wasser. Tauchblattpflanzen (z. B. Wasserpest) stehen oder schweben unter Wasser.

Alle Wasserpflanzen produzieren mehr oder weniger Sauerstoff, sie spielen deshalb im Kreislauf der Natur eine wichtige Rolle. Auch im Gartenteich sind sie nützlich und willkommen, weil er als stehendes Gewässer keine andere Sauerstoffquelle hat und allenfalls vom Wind oder einer Pumpe ein wenig belüftet wird.

Auf Dauer können mechanische Belüfter den Teich aber nicht gesund erhalten. Auch die Pflanzen der **Sumpf- und Feuchtzone** tragen zum Gleichgewicht des Teichs bei, indem sie beispielsweise Phosphor und Nitrat aus dem Boden filtern und in Blattmasse umwandeln.

Die Uferpflanzen geben dem Teich vor allem Schutz vor Wind. Zudem bieten sie vielen Tieren Unterschlupf. Entscheidend ist jedoch die richtige Pflanzenwahl. Für einen Teich ist nur ein kleines Sortiment empfehlenswert, denn Wasserpflanzen sind Wucherer.

Pflanzenauswahl für die Feuchtzone (zeitweise geflutet)		**Wassertiefe**
Blutweiderich	Lythrum salicaria	0-10 cm
Echtes Mädesüß	Filipendula ulmaria	0-10 cm
Gilbweiderich	Lysimachia thyrsiflora	0-10 cm
Großer Wiesenknopf	Sanguisorba officinalis	0-10 cm
Scharfer Hahnenfuß	Ranunculus acris	0-10 cm
Sumpfbaldrian	Valeriana dioica	0-10 cm
Sumpfvergissmeinnicht	Myosotis palustris	0-10 cm
Wiesenknöterich	Polygonum bistorta	0-10 cm
Pflanzenauswahl für die Sumpf- und Flachwasserzone (ständig feucht und geflutet)		
Sumpfiris	Iris pseudocorus	0-10 cm
Sumpfdotterblume	Caltha palustris	0-10 cm
Wollgras	Eriophorum	0-10 cm
Fieberklee	Menyanthes trifoliata	10-20 cm
Blumenbinse	Butomus umbellatus	10-30 cm
Froschlöffel	Alisma plantago-aquatica	10-30 cm
Kalmus	Acorus calamus	10-30 cm
Pfeilkraut	Sagittaria sagittifolia	10-30 cm
Rohrkolben	Thypha latifolia	10-30 cm
Schilfrohr	Phragmites australis	10-30 cm
Sumpfbinse	Juncus effusus	10-30 cm
Teichbinse	Scirpus lacustris	10-30 cm
Wasserminze	Mentha aquatica	10-30 cm
Tannenwedel	Hippuris vulgaris	20-50 cm
Pflanzenauswahl für tiefes Wasser (Tauch- und Schwimmblattpflanzen)		
Hornkraut	Ceratophyllum demersum	30-80 cm
Laichkraut	Potamogeton-Arten	30-80 cm
Wasserpest	Elodea canadensis	30-80 cm
Tausendblatt	Myriophyllum spicatum	30-100 cm
Seekanne	Nymphoides peltata	50-80 cm
Seerose	Nymphaea-Arten und -Sorten	50-150 cm
Gelbe Teichrose	Nuphar lutea	80-150 cm
Schwimmpflanzen		
Froschbiss	Hydrocharis morsus-ranae	
Krebsschere	Stratiotes aloides	

Üppiger Bewuchs durch eine zu reichliche Bepflanzung

Seerosen im Gartenteich

Die **richtige Auswahl von Pflanzen** ist wichtig. Die Zufallssämlinge von Wildpflanzen allein begrünen den Teich nicht zufriedenstellend. Oft sind auch Gehölze darunter, die in kurzer Zeit zu mächtig werden. Ebenso können sich im Teich Algen ausbreiten, wenn sie konkurrenzlos wachsen. Mit einem kleinen Bestand an Wasser- und Uferpflanzen können Sie einer Algenplage vorbeugen.

Die meisten **Pionierpflanzen** vermehren sich zudem recht schnell und können so als Mutterpflanzen für die Anzucht zahlreicher Jungpflanzen dienen. Bedenken Sie bei der Auswahl der Pflanzen insbesondere ihre Wuchseigenschaften, da die endgültige Größe an den Jungpflanzen nicht zu erkennen ist. Auch die Wachstumsbedingungen jeder Art sind zu berücksichtigen, damit Sie mit der Pflege (auch Überwinterung und Schnitt) zurechtkommen.
Beim Pflanzen ist wichtig, das ausgewählte Sortiment in Gruppen richtig zu arrangieren. Am besten pflanzen Sie die hohen Arten in den Hintergrund und die niederen nach vorne.

Pflanzsubstrate und -gefäße

Im günstigsten Fall stoßen Sie beim Teichbau auf **Lehmboden** und damit auf ideales Teichsubstrat. Aber auch **Sand** ist nicht schlecht und kann für eine Pflanzsubstratmischung verwendet werden. Keinesfalls dürfen Sie aber Humus, Kompost oder eine andere nährstoffhaltige Erde in den Teich oder in die Pflanzkörbe füllen. Dünger ist Futter für die Algen und Gift für die erhaltenswerte Flora im Teich.

Die meisten Wasserpflanzen wachsen am besten in magerem Boden. Das kann entweder Lehm, Sand oder eine Mischung dieser mineralischen Substrate sein. Der Handel bietet auch Fertigprodukte an, die meist zum größten Teil aus Lehm bestehen.

Die lebensnotwendigen Nährstoffe holen sich Wasserpflanzen im wesentlichen aus dem Wasser und nicht aus dem Teichboden. Selbst Sumpfpflanzen, deren Blätter trocken stehen, erfordern keinen nährstoffreichen Boden. Haben Sie gedüngte Erde in den Teich gefüllt, lässt die erste Algenpest nicht lange auf sich warten. In einem solchen Fall hilft meist nur, möglichst viele Algen abzu-

Lehmerde darf nur sparsam und stellenweise eingefüllt werden

Auch spezielle Teicherde darf nur maßvoll verteilt werden

Körbe für Wasserpflanzen vorbereiten

Wüchsige Pflanzen ohne Korb

schöpfen, denn mit ihnen holen Sie auch die Nährstoffe aus dem Teich. Zudem sollten Sie Wasserflöhe und Wasserschnecken einsetzen, damit diese den Algenrasen abgrasen.

Sollte einmal ein **Nährstoffmangel** erkennbar werden, ist dieser beispielsweise durch eine gezielte Düngung in die Pflanzkörbe leichter zu beheben als ein Nährstoffüberschuss.

Sie haben zwei Möglichkeiten zum Einfüllen des Teichsubstrats. Entweder schaufeln Sie die Erde direkt auf den Teichboden und in die Pflanzmulden oder Sie füllen sie in spezielle Pflanzkörbe und senken diese nach dem Bepflanzen ein. Oft müssen beide Methoden angewandt werden, etwa um weiträumige **Pflanzinseln** (z. B. für Sumpfpflanzen) zu schaffen, die bald zuwachsen sollen, aber gleichzeitig auch den Wurzelraum einengen, damit besonders vitale Arten nicht wuchern können.

Das Pflanzen in Körben empfiehlt sich zudem bei exotischen Arten wie Zypergras oder Lotusblumen. In den Körben bleiben die Pflanzen mobil, sodass man sie im Sommer in den Teich stellen und im Herbst ausquartieren kann. Auch wenn Sie relativ frostempfindliche Arten (z. B. Seerosen) in einem flachen Becken kultivieren wollen, ist die Topfkultur ratsam, denn so können Sie die empfindlichen Wurzelballen rechtzeitig durchs Umquartieren schützen.

Bei einem Wasserstand ab etwa 80 cm können auch Seerosen ohne Körbe in Pflanzmulden gesetzt werden. Die meisten heimischen Wasserpflanzen ertragen sogar Frost im Wurzelraum. Sie bieten sich deshalb für weiträumige Pflanzungen in eingefassten Pflanzflächen an. Dabei können große Kiesel, Bruchsteine oder Ziegel, die etwa 20 cm hoch aufgeschichtet werden, zur Sicherung des Pflanzsubstrats dienen.

Neben speziellen Pflanzkörben eignen sich auch wasserfeste Haushaltskörbe oder durchlöcherte Kunststofftöpfe als Pflanzgefäße. Sie können aber ebenso gut unglasierte Tontöpfe benutzen. Große Tontöpfe sind allerdings im nassen Zustand sehr schwer.

Darauf können Sie bauen!

COMPACT PRAXIS »do it yourself«

- Jeder Band mit über 200 Abbildungen und instruktiven Bildfolgen – alles in Farbe.
- Übersichtliche Symbole für Schwierigkeitsgrad, Kraftbedarf, Zeitaufwand u.v.m. – alles auf einen Blick.
- Anwenderfreundliche Komplettanleitungen für alle wichtigen Heimwerkerarbeiten – keine schmalen Einzelthemen.
- Mit besonders hervorgehobenen Profi- und Sicherheitstipps.

Über 60 Titel lieferbar.
Bitte DIY-Spezial-Prospekt anfordern!

jeder Band € 10,25

Compact Verlag GmbH
Züricher Straße 29
81476 München
Telefon: 089/7451 61-0
Telefax: 089/75 60 95
Internet: www.compactverlag.de

Die wichtigsten Werkzeuge

Auf diesen beiden Seiten finden Sie Kurzbeschreibungen der wichtigsten Werkzeuge, die Sie zur Anlage und Pflege von Gartenteichen benötigen. Welche Werkzeuge Sie für die einzelnen Arbeitsgänge und -anleitungen brauchen, ersehen Sie jeweils aus den Abbildungen unter der Rubrik »Werkzeug«, die am Anfang jeder Arbeitsanleitung zu finden ist. Die meisten dieser Werkzeuge sind sehr gebräuchlich und ohnehin im Besitz eines jeden Garteninhabers, einige der Geräte müssen Sie sich eventuell extra beschaffen.

Werkzeuge zum Messen

1
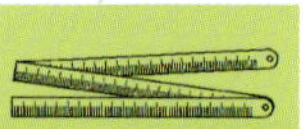

2

3

4
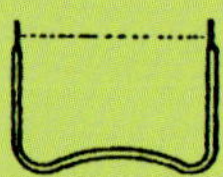

5

6
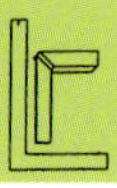

1 **Meterstab:** Ein unentbehrliches Hilfsmittel, um Maße zu bestimmen und zu übertragen; es sollte in keinem Haushalt fehlen.

2 **Bandmaß:** Dieses flexible Metermaß ermöglicht auch das Messen auf unebenem Gelände, beispielsweise im Teichbett.

3 **Richtscheit oder Messlatte:** Wichtig zum Überbrücken und Justieren des Teichfundaments; dient auch als Verlängerung der Wasserwaage.

4 **Schlauchwaage:** Benötigen Sie zur genauen Höhenbestimmung der Ufer; ein durchsichtiger Schlauch eignet sich ebenso.

5 **Wasserwaage:** Ist nötig zum exakten Bestimmen senkrechter und waagrechter Linien, Ebenen usw.

6 **Winkelmaß:** Um verschiedene Winkel beispielsweise auf Holz übertragen zu können, benötigen Sie ein Winkelmaß.

7
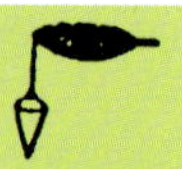

8

7 **Senklot:** Zur Bestimmung der Teichtiefe; es kann eventuell durch den Meterstab ersetzt werden.

8 **Markierungspflöcke:** Zum Fixieren des Teichfundaments brauchen Sie mehrere Pflöcke.

Werkzeuge für Erdarbeiten

9

10

11
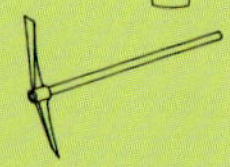

12
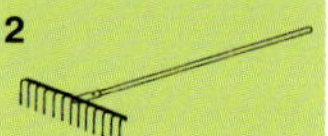

13
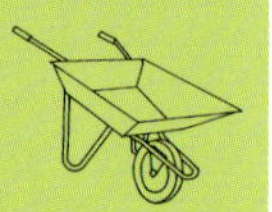

14
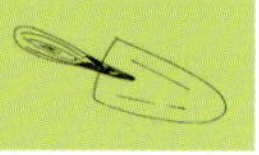

9 **Schaufel:** Zum Graben und Auskoffern des Teichfundaments sowie für die Pflanzarbeiten am Ufer und im Teichbett ist eine Schaufel unentbehrlich; dient auch zum Mischen von Mörtel und Beton.

10 **Spaten:** Zum Kantenstechen, Auskoffern der Erde und zu den Pflanzarbeiten benötigen Sie einen Spaten.

11 **Pickel:** Zum Lockern verdichteter Bodenschichten leistet ein Pickel gute Dienste.

12 **Rechen:** Zum Ebnen der Erde nach dem Erdaushub im Teichbett und am Ufer; wird auch zur Teichpflege nach der Anlage des Teichs gebraucht.

13 **Schubkarre:** Für den Transport von Erde und Baumaterial; auch zum Mörtelmischen geeignet.

14 **Pflanzschaufel:** Für kleinere Pflanzarbeiten, beispielsweise zum Pflanzen von Uferstauden.

Geräte und Hilfsmittel zum Bearbeiten verschiedener Teichbaustoffe

15
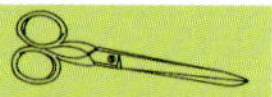

16

17

15 **Schere:** Zum Schneiden der Folienbahnen und der Teichvliesstücke.

16 **Messer:** Mit Hilfe einer Messlatte zum Schneiden exakter Kanten.

17 **Nietzange:** Zum Heften der Folie, beispielsweise auf einen Betonuntergrund.

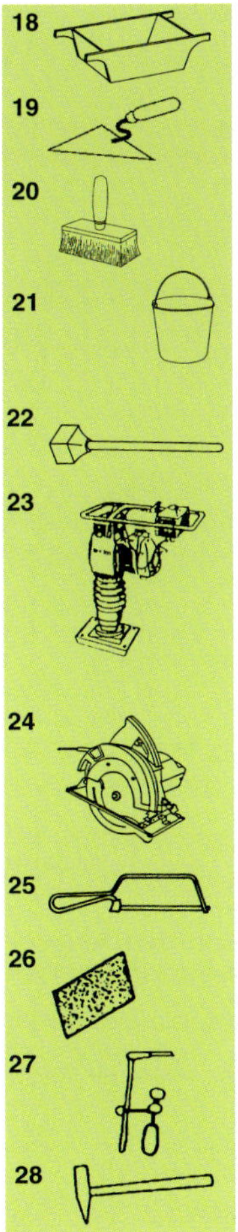

18 Mörtelwanne: Zum Mischen von Mörtel oder Beton.

19 Kelle: Zum Verteilen und Glätten des Mörtels.

20 Malerbürste: Zum Auftragen der Dichtungsschlämme oder einer anderen Abdichtungssubstanz.

21 Eimer: Zum Anmischen der Dichtungsschlämme; auch sonst ein nützliches Hilfsmittel bei der Teichpflege.

22 Handstampfer: Zum Verdichten der Lehm- oder Tonschicht nötig.

23 Vibrationsverdichter oder Rüttler: Einen Vibrationsverdichter, den Sie zum Verdichten größerer Lehm- oder Tonteiche benötigen, können Sie eventuell mieten (siehe im Branchen-Telefonbuch »Verleihgeschäfte« oder »Werkzeugverleih«).

24 Handkreissäge: Nicht nur zum raschen und genauen Trennen von Holzbauteilen ist eine Handkreissäge ein nützliches Gerät, sie dient auch zum Zuschneiden von Brettern und Latten.

25 Bügelsäge: Kann statt einer elektrischen Kreissäge eingesetzt werden.

26 Schleifpapier: Zum Glätten von sägerauhen Kanten; ist in verschiedenen Körnungen erhältlich.

27 Schraubzwingen: Zum Befestigen der Holzbauteile während der Bearbeitung.

28 Hammer: Zum Festklopfen, insbesondere zur Befestigung von Holzbauteilen mit Nägeln.

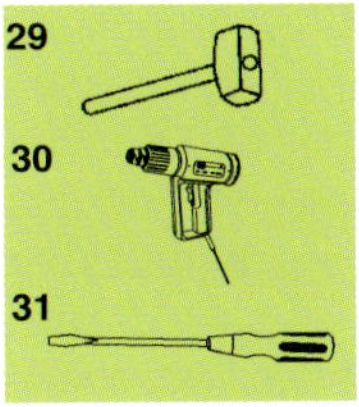

29 Schlegel (Vorschlaghammer): Zum Einschlagen von Pflöcken, Palisaden und Ähnlichem.

30 Bohrmaschine mit Zubehör: Zum Vorbohren bei Holzteilen; günstig ist ein Bohrschrauber.

31 Schraubendreher: Zum Fixieren oder Lösen einzelner Schrauben.

Sonstige Hilfsmittel

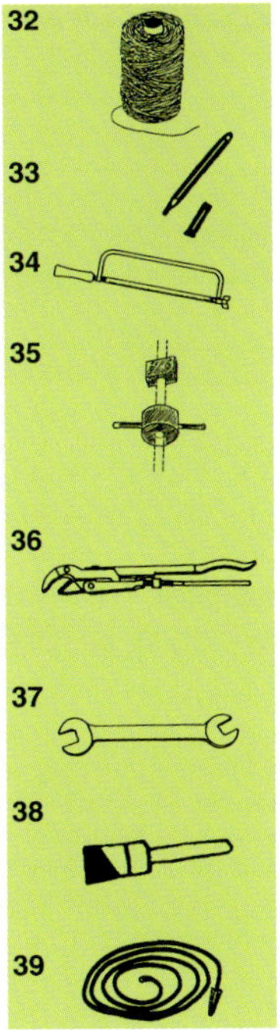

32 Schnur: Kann statt eines Bandmaßes zum Messen in unebenem Gelände dienen. Ist auch als Ersatz für eine Schlauchwaage möglich.

33 Zeichenstift: Zum Kennzeichnen der Maße, Schnittlinien usw.

34 Eisensäge: Zum Trennen von Baustahlgewebe und anderen Metallteilen.

35 Ramme und Muffe: Wichtig beim Bau eines Schlagbrunnens. Ein derartiges Gerät kann eventuell gemietet werden (siehe im Branchen-Telefonbuch »Brunnenbau«).

36 Rohrzange: Zum Montieren von Wasserleitungen, Verbindungsmuffen und Ähnlichem (z. B. beim Brunnenbau).

37 Schraubenschlüssel: Wichtig zum Festziehen von Schlossschrauben (z. B. beim Brunnenbau).

38 Pinsel: Zum Verteilen von Quellschweißmittel beim Folienkleben. Halten Sie zum Streichen von Holzteilen ein Sortiment verschiedener Pinsel bereit.

39 Wasserschlauch: Zum Fluten des Teichs. Zum feinen Zerstäuben des Wassers ist eine Düse empfehlenswert.

Tiere im Teich

Wasserschnecken gegen Algen

Frösche kommen von selbst

Im Gartenteich ist eine natürliche Fischbrut die Ausnahme. Hier müssen Sie **Fische** selbst einsetzen, falls Sie welche haben wollen. Vorher muss Ihr Teich aber »eingewachsen« sein, um den Fischbesatz zu verkraften.

Auch ein gesunder Teich kann allerdings nur eine geringe Anzahl ausgewählter Fische beherbergen, weil Fische Kleinlebewesen, beispielsweise **Wasserflöhe,** meist stark dezimieren. Zudem förden sie durch ihre Fäkalien den Algenwuchs (insbesondere dann, wenn sie gefüttert werden). Andererseits können Fische aber auch im Gartenteich nützlich sein, denn sie vertilgen Schädlinge. So kann man beobachten, wie ein einziges Fischpärchen binnen weniger Tage unzählbare Stechmückenlarven vertilgt, die sonst kaum zu fangen wären, weil sie untertauchen, wenn sich jemand nähert.

Natürlich bleiben auch andere Larven und Kleintierchen nicht verschont, weshalb Sie höchstens einen Fisch pro 500 Liter Wasser einsetzen sollten. Vorzugsweise empfehlen sich **Goldfische, Goldorfen** und einige andere Züchtungen, die Sie vom Ufer aus beobachten können. Ein kleiner Fischbesatz schadet normalerweise keinem Teich; dies gilt allerdings nur, wenn ein Sortiment an Unterwasserpflanzen genügend Sauerstoff produziert und den Kleinstlebewesen ebenso wie den Fischen Versteckmöglichkeiten bietet.

Auch wenn Sie keine Fische oder andere Tiere einsetzen, dauert es nicht lange, bis der Teich bewohnt ist. Sie werden sich wundern, wie viele Arten in kürzester Zeit von selber kommen. Manchmal fliegen Libellen schon zu, wenn noch gar kein Wasser eingefüllt ist. Dabei sieht es aus, als ob die geschickten Flieger das neue Refugium in der Luft »abstecken« würden.

Auch mit dem Substrat kommt Leben in den Teich. Oft warten Käfer, Larven oder Wasserläufer nur darauf, bis der Teich geflutet ist. Nach dem Fluten ist jeder Teich auch eine willkommene Vogeltränke. Planen Sie deshalb eine offene Stelle am Ufer ein, damit die Vögel ans Wasser kommen können, ohne von Katzen überrascht zu werden.

Sie können die Entwicklung der **Teichfauna** auch gezielt fördern, indem Sie Ihren Teich mit einer Schaufel voll alter Teicherde und einem Kübel voll Wasser aus einem gesunden nahe liegenden Teich oder Weiher impfen. Oft kommt man auf diese Weise an Wasserflöhe, die sich durch ihren Appetit auf Algen auszeichnen. Die kleinen Krebstierchen sind zudem Garanten für gesundes Wasser. Vielleicht sind auch Wasserschnecken dabei, die ebenso beim Algenputzen mithelfen.
Keinesfalls sollten Sie aber exotische Tiere, wie **Ochsenfrösche** oder **Schildkröten,** einsetzen. Diese Tiere harmonieren oft nicht mit heimischen Teichbewohnern. Entweder entwickeln sie sich zu gut auf Kosten anderer Lebewesen oder sie verkümmern mangels Wärme oder wegen anderer Gegebenheiten.

Die heimischen Teichbewohner kommen normalerweise gut mit den Lebensbedingungen im Gartenteich zurecht. Haben Sie aber Geduld mit der Entwicklung der Teichfauna. Durch wenige Exemplare stellt sich meist früher ein Gleichgewicht ein als mit vielen Tieren.

Wasserstellen sind wertvolle Vogeltränken

Gartenteiche laden zum Beobachten ein

Teichvolumen und Material berechnen

1

2

Sobald der Standort festgelegt ist, können Sie die Größe Ihres Wassergartens bestimmen. Dabei ist zu berücksichtigen, ob Sie ein rundes, ovales, quadratisches, rechteckiges oder unsymmetrisches Becken anlegen.

Natürlich spielen auch das gewünschte Teichprofil, die Bodenbeschaffenheit und das Baumaterial eine Rolle. So wird beispielsweise das Volumen eines Folienteichs mit gestuftem Profil und einer optimalen Tiefe von etwa 1 m anders berechnet als dasjenige eines Kunststoffbeckens mit starren Formen, oder das eines Betonteichs, bei dem auch die Stärke der Wände zu berücksichtigen ist. Das Volumen lässt sich einfach bestimmen, indem die Grundfläche mit der Teichtiefe multipliziert wird.

Bei einer Grundfläche von beispielsweise 20 m² und einer gewünschten Tiefe von 1 m beträgt das Volumen etwa 20 m³. Dabei sind natürlich Flachstellen und Stufen nicht mitberechnet.

Das Teichvolumen ist zunächst nur für die Berechnung der Erdmenge wichtig. Nach dem Erdaushub können Sie dann den Materialbedarf für den Unterbau (z. B. für Sand) und die Teichschale (etwa Folie) berechnen. Dazu müssen Sie das Teichbett ausmessen. Bei einem Teichbett mit geraden Wänden, beispielsweise für eine Betonschale, ist das normalerweise mit einem Meterstab möglich.

1–2 Ein geschwungenes Teichbett lässt sich leichter mit einem Maßband oder einer Schnur ausmessen. Das Produkt aus den ermittelten Werten, also Länge mal Breite, ergibt dann ungefähr die Fläche des Teichbetts.
Mit diesem Wert können Sie nun sowohl das Material für den Unterbau als auch für die Schale berechnen.

Beispiel: Wenn Sie auf ein 30 m² großes Teichbett eine 10 cm dicke Sandschicht auftragen wollen, benötigen Sie 3 m³ (30 m² x 0,10 m) Sand. Dementsprechend wird auch der Materialbedarf für Ton oder andere Baustoffe ermittelt. Bei Verwendung einer Teichfolie sollten Sie jeweils 60 cm mehr für die Länge und Breite berechnen, damit die Folie an den Rändern je 30 cm übersteht.
Wenn Sie die Größe der Folie schon vor dem Erdaushub ermitteln wollen, können Sie eine einfache **Formel** anwenden. Bahnlänge = Länge des Teichs + doppelte Tiefe + 60 cm; Bahnbreite = Breite des Teichs + doppelte Tiefe + 60 cm.

Beispiel: Bei einer gewünschten Teichlänge von 5 m, einer Teichbreite von 4 m und einer Teichtiefe von 1 m ist demnach eine 7,6 m lange und 6,6 m breite bzw. 50,16 m^2 große Folie nötig (5 m + 2 m + 0,6 m mal 4 m + 2 m + 0,6 m = 50,16 m^2).

3 Diese Formel lässt sich natürlich auch für die Berechnung anderer Teichmaterialen (z. B. Kies) anwenden.

Die Berechnung und die Beschaffung des Teichmaterials vor dem Erdaushub ist aber immer ein Risiko, da beim Teichbau oft Änderungen wegen massiver Steine, unterirdischer Leitungen oder anderer Hindernisse nötig sind oder weil Sie während der Erdarbeiten Änderungen vornehmen und sich dadurch der Materialbedarf ändert.
Ermitteln Sie die Größe des Teichfundaments deshalb erst, wenn es fertig ist. Dann können auch Senken oder Buchten in die Berechnung mit einbezogen werden. Auf jeden Fall sollten Sie bei der Berechnung der Baumaterialen großzügig sein, um Nachkäufe zu vermeiden. Vor allem lässt sich eine zu kleine Folie später nur mit Schwierigkeiten vergrößern.

3

Das ideale Teichprofil

1

2

Beim Planen des Teichprofils sollte die Natur als Vorbild dienen. Natürliche Weiher sind fast immer durch flache Übergänge vom Ufer zur Flachwasserzone und von dort zur Tiefwasserzone gekennzeichnet. Genauso sollte das im Gartenteich sein, denn sehr steile Ufer können sogar zur Falle für Landtiere werden. Der Nachteil zu steiler Böschungen macht sich schon beim Teichbau bemerkbar, wenn sich der Sand für den Unterbau und das Substrat für die Pflanzen nur mit Mühe auftragen lassen.

1–2 Sie sollten deshalb auf jeden Fall mehrere Stufen ins Teichbett formen. Damit bieten Sie auch den verschiedenen Wasserpflanzenarten die richtige Grundlage und den idealen Wasserstand. Der Teichgrund sollte mindestens 0,80 m oder besser noch 1 m tief liegen. Koffern Sie das Teichbett etwa 0,20 m tiefer aus, sodass der Wasserstand auch nach dem Polstern mit Sand, dem Auskleiden mit der wasserhaltenden Teichschale und dem Einfüllen des Pflanzsubstrats noch hoch genug ist.

Profitipp

Die Tiefwasserzone darf nicht zu klein sein, denn mit der Zeit sinken allerlei Pflanzteile und Erdpartikel nach unten, sodass der Wasserstand immer niedriger wird. Diese Zone sollte deshalb mindestens einige Quadratmeter umfassen.

Legen Sie beim Auskoffern des Teichfundaments zunächst die Sumpfzone an. Sie braucht nur etwa 10 cm tief zu sein, da die Sumpfpflanzen am besten in wechselfeuchtem Boden gedeihen. In etwa 30 cm Tiefe schließt sich die Flachwasserzone an. Sie sollte als 20 bis 30 cm breites Plateau den Teich etwa zur Hälfte umringen.

Ein wenig tiefer, etwa 50 cm unter der Erdoberfläche, können Sie ein zweites Plateau schaffen, auf dem Sie später Laichkraut und andere Wasserpflanzen ansiedeln. Es reicht, wenn dieses Plateau den Teich nur zu einem Drittel umringt.

An einer Stelle sollte das Ufer direkt in das Teichwasser abfallen, damit der Teich später nicht rundherum zuwachsen kann. Hier sollte der Teichrand auch ein wenig abgesenkt werden, sodass überschüssiges Wasser ablaufen kann. Am besten heben Sie dazu einen kleinen Sickerschacht aus, den Sie mit Kieseln füllen. Sie können aber auch rund um den Teich einen Sickerring (Drainagering) ziehen und mit Kieseln füllen.

Sehr steile Teichwände kommen nur beim Teichbau mit Beton, Holzbohlen oder Kunststoffwannen zustande und auch hier sollten sie möglichst niedrig sein oder mit Steinen »entschärft« werden. Mit Böschungsmatten können Sie steile Ufer auch nach der Anlage befestigen.
Je größer Sie Ihren Teich bauen, desto abwechslungsreicher können Sie das Teichbett gestalten. So haben Sie etwa die Möglichkeit, in einem Teich mit mehr als 5 m Durchmesser einen Erdhügel als Insel stehen zu lassen.

Eine Besonderheit stellt auch ein Badeteich dar, bei dem ein tiefes Steilwandbecken etwa aus Beton mit einem Foliengraben umringt wird. Nach der Anlage und Bepflanzung des Grabens sieht man von Jahr zu Jahr weniger vom Schwimmbecken. Dennoch ist die Nutzung durch einen Zugang über eine Brücke möglich.

3 Für eine Hartkunststoffwanne muss das Teichbett recht genau vorgeformt werden.

4–5 Nach dem Graben des Plateaus wird das Becken eingesetzt und eingeschwemmt.

3

4

5

Erdarbeiten im Teichbett und am Ufer

1

2

Sobald der Standort festgelegt ist und das Ufer sowie die Teichzonen grob abgesteckt sind, können Sie mit dem Erdaushub beginnen. Den Erdarbeiten im Teichbett und am Ufer kommt besondere Bedeutung zu.

Es genügt keinesfalls, ein Loch zu graben, um es mit Folie oder einer anderen Teichschale auszukleiden und schließlich Wasser einzufüllen. Ein derartiger Tümpel wird später keine Freude machen, weil jede Schale auf lockerem unverdichtetem Boden durch den Wasserdruck ungleichmäßig belastet wird und das Material durch diese Verspannungen brüchig werden oder reißen kann. Hinzu kommt, dass die Schale am Ufer sichtbar bleibt, wenn sie nicht in einem Graben versenkt oder mit natürlichen Baustoffen kaschiert wird. Beim Teichbau mit Folie sieht das hässlich aus. Zudem ist eine offen liegende Folie der Sonne ausgesetzt. Mit der Zeit wird das Material schließlich durch die UV-Strahlung brüchig.

Um Schäden durch mangelhafte Vorbereitungen auszuschließen, sollten Sie schon beim Erdaus-

hub Grundlegendes beachten. Kennzeichnen Sie die Teichform zunächst mit Sand oder Ähnlichem. Die markierte Uferlinie lässt sich nun mit dem Spaten scharf abgrenzen.
Wenn der Teich im Rasen gebaut wird, können die Rasensoden dann auf ganzer Fläche ausgestochen, abgehoben und weggefahren werden. Sonst müssen Sie die oberste Bodenschicht abtragen, bis sich die gewünschte Teichform etwa 20 cm tief im Gelände abzeichnet. Wenn nötig, lässt sich die Form des Teichs jetzt noch ändern. Ansonsten können Sie nun mit dem Auskoffern des Fundaments beginnen.

1 Wenn Ihr Grundstück beispielsweise nach dem Hausbau noch mit Maschinen befahrbar ist, lassen sich die groben Erdarbeiten vielleicht mit einem Bagger oder Minibagger erledigen.

2 Die geplanten Flachwasserzonen und Plateaus müssen allerdings berücksichtigt werden. Man formt sie am besten mit dem Spaten. Der Erdaushub wird abseits der Grube zwischengelagert und kann bei der Ufergestaltung verwendet werden. Auch dann sollten Sie die Erde ein wenig abseits der Grube aufschütten, damit sie nicht ins Teichbett rutscht oder vom Regen abgespült wird.

Wenn das Teichbett tief genug ausgekoffert ist und alle Plateaus angelegt sind, gestalten Sie die Uferzone. Wichtig ist, dass das Ufer rund um den Teich an jeder Stelle in gleicher Höhe liegt. Senken und Höhen müssen mit Hilfe einer Schlauchwaage oder einer Messlatte und einer Wasserwaage ausgeglichen werden.

3–4 Beim Teichbau mit Folie müssen Sie den Ufersaum zudem für die nötige Kapillarsperre vorbereiten. Die Uferzone soll nämlich vom Wasser getrennt sein, damit die angrenzende Erde kein Wasser saugt. Am besten wird dazu rund um das Teichbett ein flacher Graben gezogen. Nach dem Auskleiden des Teichfundaments werden die Folienränder dann entweder in den vorbereiteten Graben eingesenkt und mit Kieseln bedeckt, hinter dem Graben nach oben geführt und abgeschnitten oder auf ähnliche Weise so in den Boden eingebunden, dass sie als Trennwand zwischen dem Wasser und dem Ufer wirken.

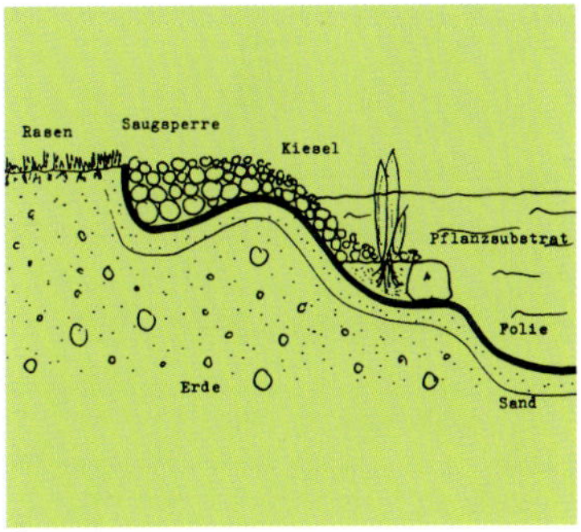

3

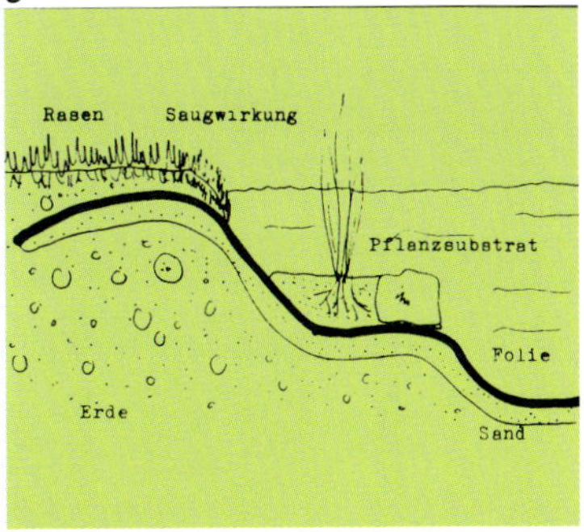

4

Nur wenn der Teich beispielsweise durch ein Regenrohr einen Zulauf hat, kann die Kapillar- oder Dochtwirkung wünschenswert sein. Dann braucht die Folie nicht isolierend eingesenkt werden.

Teichmaterial verarbeiten

1

2

3

Folie

1 Teichfolie ist nicht nur wegen ihres geringen Gewichts, der einfachen Beschaffung und ihrer Elastizität ein beliebter Baustoff, sondern auch, weil sie gut zu verarbeiten ist. Die Folie kann man biegen (die Falten, die sich dabei im Teichbett bilden, schaden übrigens nicht), mit einem scharfen Messer zuschneiden und auch kleben.

2 Beim Zuschneiden der Folie sollten Sie eine Messlatte anlegen, um exakte Kanten zu erhalten. Meistens werden Bahnen in genormten Maßen von der Rolle angeboten. Beim Kauf von Meterware müssen Sie allerdings fast immer einen Verschnitt in Kauf nehmen.

Profitipp

Sie können Ihre Folie aber auch in der gewünschten Größe bestellen. Das hat bei der Anlage eines großen Teichs außerdem den Vorteil, dass Sie die Bahnen nicht selbst kleben brauchen. Die meisten Hersteller gewähren auch für die nach Ihren Wünschen angefertigten Verschweißungen die übliche Garantie.

Wenn Sie Ihre Teichfolie selber schweißen, erlischt dieser Garantieanspruch allerdings, zumindest für die Schweißnähte. Vermeiden Sie eigene Schweißnähte, denn es sind immer Schwachstellen. Wenn sie dennoch nötig sind (etwa bei Bachläufen), sollten Sie sorgfältig vorgehen. Es gibt übrigens verschiedene Mittel und Möglichkeiten – vom Spezialkleber bis zu Klebebändern von der Rolle, die zusätzlich mit Heißluft befestigt werden.

3 Vor dem Kleben mit dem Spezialkleber müssen Sie zunächst die Verbindungsstellen säubern.

4 Danach werden die trockenen und sauberen Folienteile etwa 5 cm überlappt und zusammengeklebt. Dazu führen Sie den Pinsel zwischen die Bahnen und tragen den Kleber auf.

Sicherheitstipp

Bei allen Arbeiten mit Folie sind geeigneter Boden und entsprechende Arbeitskleidung wie etwa Turnschuhe wichtig, um selbst sicher zu stehen und keine Schäden auf der Folie zu verursachen.

Fertigteile aus Kunststoff
Obwohl beim Teichbau mit Becken aus Hartkunststoff die gleichen Vorbereitungen des Teichfundaments nötig sind wie beim Teichbau mit Folie, ist der Einbau doch wesentlich schwieriger. Dies gilt vor allem, wenn ein großer Teich angelegt wird.

Die starren Becken müssen exakt in den Boden eingesenkt werden, damit sie in Form bleiben. Das ist wegen ihrer geraden Wände und Böden nicht ganz einfach.

Koffern Sie zunächst ein Fundament aus, das in etwa der Form und Größe der Kunststoffwanne entspricht. Empfehlenswert ist, das Fundament so breit zu machen, dass Sie nach dem Einsetzen des Beckens noch bequem darin arbeiten können. Das macht zwar zunächst etwas mehr Mühe beim Auskoffern, doch erleichtert es das Justieren und Einbauen wesentlich. Der Boden wird vor dem Einsetzen mit Sand bedeckt, damit das Becken glatt aufliegt. Achten Sie darauf, dass das Becken genau waagrecht liegt, was Sie mit der Wasserwaage nachprüfen sollten. Sonst besteht die Gefahr, dass es sich verzieht.

5 Jetzt sollten Sie das Becken teilweise mit Wasser füllen, bis es fest auf dem Boden liegt. Daraufhin können Sie Sand in die Zwischenräume füllen. Dabei ist es wichtig, dass die Wandung überall Bodenkontakt hat, damit keine Hohlräume bestehen bleiben.

Profitipp
Das erreichen Sie am besten, indem Sie den Sand mit Wasser einspülen. Auf diese Weise wird das Becken fast völlig unterfüttert. Nur oben lassen Sie einen Rand für das Pflanzsubstrat der Uferflora.

Wenn nötig, müssen Sie gleichzeitig auch den Wasserstand im Becken erhöhen, damit es nicht aufschwimmen kann. Der Wasserdruck verhindert außerdem, dass sich die Wände durch den Druck des Füllmaterials verformen. Während des Flutens sollten Sie die Wasserpflanzen mit Körben oder direkt in Pflanzmulden einsetzen.

Sobald das Becken fest ins Teichbett gepresst ist, können Sie es randvoll füllen und den Teichbau mit der Ufergestaltung vollenden.

4

5

6

Beton

6 Wenn Sie einen Betonteich anlegen wollen, sollten Sie sich bei dem für Sie zuständigen Ordnungsamt erkundigen, ob dafür eine Genehmigung eingeholt werden muss. Dies kann für den Bau eines feststehenden Elements erforderlich sein.

Für den Bau eines Schwimmbeckens, eines Hochteichs aus Ziegel oder eines anderen aufwendigen Projekts wird nicht zuletzt aus statischen Gründen ein Plan verlangt. Bei kleineren Anlagen im Rahmen der Gartengestaltung sieht man jedoch gewöhnlich von einer Genehmigungspflicht ab.

In jedem Fall sollten Sie auf Dauerhaftigkeit der verwendeten Materialien achten. Dazu sind ausgewählte Baustoffe nötig.

7 Ein Grundbaustoff ist Mörtel, den Sie in kleinen Mengen aus Sand, Zement und Wasser leicht selbst herstellen können. Mit dem Mörtel lassen sich Ziegel und andere Steine für ein kleines Wasserbecken zusammenfügen. Wenn Sie statt Sand Kies verwenden, entsteht Beton, der sich zum Bau eines massiven Wasserbeckens besonders gut eignet. Dazu wird gemischter Beton in eine vorgefertigte Schalung gegossen. Beton sollten Sie immer mit Baustahl bewehren, damit er nicht reißen kann. Beachten Sie dabei, dass der Bewehrungsstahl mit mindestens 2,5 cm Beton zu überdecken ist.

Umfangreiche Maurerarbeiten setzen zwar Grundkenntnisse und Übung voraus, eine Betonschale für ein kleines Becken oder ein Betonfundament für eine Brücke kann jeder Laie leicht selbst bauen. Sie brauchen dazu nur einen Teil Zement mit drei Teilen Sand (für Mörtel zum Mauern) oder Kies (für Beton) mischen.
Der Trockenmörtel oder -beton wird dann mit Wasser aufgegossen. Jetzt müssen Sie das Gemenge nur noch gut mischen.

Profitipp
Wenn Sie nicht selber Mörtel machen wollen, können Sie auch Fertigelemente in einer Baustoffhandlung kaufen.

Ein Betonbecken machen Sie wasserdicht, indem Sie es mit einer Dichtungsschlämme oder mit wasserfester Farbe (der Handel bietet auch spezielle Farbe für Wasserbecken an) ausstreichen.

Die Dichtungsschlämme können Sie ebenso gut auch selbst herstellen, wenn Sie das in Baustoffhandlungen erhältliche Pulver in Wasser anrühren.

7

8

Lehm und Ton
Obwohl Lehm und Ton typische Teichschalen natürlicher Gewässer sind, kommen sie als Teichbaustoffe im Garten nur selten zum Einsatz. Meist zieht man diesen schweren Materialien leichte Baustoffe vor, zumal weder Lehm noch Ton ohne zusätzliche Dichtungsmittel und Binder hundertprozentig wasserdicht sind.

Erschwerend kommt hinzu, dass eine große Menge dieser Naturstoffe nötig ist und diese möglichst rein, also ohne organische Einlagerungen sein sollten. Aus diesem Grund wird meistens anstelle von Lehm, welcher oft Pflanzenteile und Humus beinhaltet, Ton aus der Grube oder einer Ziegelei verbaut.

Es gibt übrigens auch Firmen, die mit speziellen vorgefertigten Tonelementen Teiche bauen. Wenn Sie in der Nähe einer Tongrube oder eines Ziegelwerks wohnen, sollten Sie Ton oder ungebrannte Tonziegel als Teichschale in Betracht ziehen. Auf jeden Fall ist dann zur Nutzung zu raten, wenn Ihr Garten auf Lehm oder Tonboden liegt.

8 Grundsätzlich ist bei der Verarbeitung von Lehm und Ton immer eine gute Verdichtung, beispielsweise mit einem Rüttler oder Handstampfer, wichtig. Dabei sollte der Naturbaustoff angefeuchtet sein, denn trocken ist er knochenhart.

Wichtig ist auch, die Lehm- oder Tonschicht möglichst dick aufzutragen. Wenn das mangels Masse an Lehm im eigenen Gartenboden oder wegen der schwierigen Beschaffung nicht machbar ist, muss die Lehmschale zusätzlich abgedichtet werden. Beispielsweise können Sie eine Folie auch im »Sandwich-Verfahren« auftragen.

Ein fertiger Lehm- oder Tonteich sollte nie austrocknen, damit die Schale nicht brüchig wird. Zur Anlage ist deshalb ein Ort neben einem Regenfallrohr günstig, das immer wieder frisches Wasser zum Nachfüllen liefert. Mit Hilfe eines Regensammlers mit Schlauchanschluss kann das Wasser aber auch zu abgelegenen Stellen geleitet werden.

Holz

9 Holz ist bei der Teichgestaltung ein ungewöhnlich schöner und nützlicher Baustoff. Man kann damit Brücken bauen, Sitzflächen anlegen, Ufer befestigen und vieles andere mehr.

In Verbindung mit einem geeigneten Dichtungsmaterial (z. B. Folie) können sogar richtige Wasserbecken entstehen.

Die Bearbeitung von Holz setzt keine besonderen Kenntnisse und Fertigkeiten voraus, wenn man sich mit einfachen Arbeiten begnügt. Beispielsweise lassen sich aus Holz leicht Palisaden für die Sicherung eines Teichs am Hang oder einfache Möbel für eine Sitzgruppe am Teich bauen. Dafür brauchen Sie auch keine besonderen Werkzeuge.

Auf jeden Fall müssen Sie für jeden Holzbau am Teich wetterfestes Holz wählen oder unbeständiges Holz richtig imprägnieren.

9

Profitipp

Sie sollten nur umweltfreundliche Imprägnierungsmittel verwenden.

Mittlerweile bieten die Baumärkte auch viele verschiedene Holzfertigteile an. Derartige Rund- sowie Kanthölzer, Bohlen und andere Teile lassen sich mühelos zu dekorativen Terrassen, Uferbefestigungen oder anderen Elementen zusammenfügen. Oft genügen dazu schon eine Handsäge, ein Hammer und ein paar Nägel.

Stabiler werden die Holzkonstruktionen mit so genannten Winkelverbindern, die in allen Größen und Formen erhältlich sind. Diese Fertigelemente erleichtern den Holzbau wesentlich. Übrigens greifen auch viele Fachleute heute fast nur noch zu diesen praktischen Hilfsmitteln, um damit Pergolen, Sichtschutzwände oder andere Holzbauten im Freiland und natürlich auch am Teich zu errichten.

Pflanzen vermehren

Wenn Sie wenig Geld in die Teichbegrünung investieren wollen, aber trotzdem bald eine üppige Flora entstehen soll, können Ihnen die Kenntnisse und Fertigkeiten der Pflanzenvermehrung zugute kommen.

Durch die verschiedenen Vermehrungsarten kommen Sie auch an die Raritäten, wie an Korb- und Zwergweiden, an Sumpfgladiolen und Teichrosen oder an andere Arten.

Tauch- und Schwimmpflanzen sowie Pflanzen der Feuchtzone breiten sich bei günstigen Bedingungen rasch aus. Viele Gewässer gehen deshalb mit den Jahren in einem Filz von Blättern und Wurzeln unter.

Aus diesem Grund werden von Zeit zu Zeit öffentliche und private Gewässer wie Kanäle und Fischteiche im Rahmen der Pflege ausgeräumt.

Dabei fallen viele Pflanzen dem Bagger oder dem Spaten zum Opfer. Bei einer derartigen Gelegenheit können Sie den gesamten Wasserpflanzenbestand für Ihren Teich gewinnen.

Profitipp
Sie sollten jedoch keine Pflanzen in der freien Natur ausgraben. Die meisten Pflanzen unterliegen dem Naturschutz.

1 Sie können aber auch bei Bekannten, die schon längere Zeit einen Teich im Garten haben, Jungpflanzen bekommen. Einer wüchsigen Vegetation schadet es nämlich überhaupt nicht, wenn Sie – selbstverständlich in Absprache mit dem Eigentümer – gezielt einige Pflanzen entnehmen. Sie können Ihren Bedarf aber auch durch Teilung, Stecklinge oder andere Vermehrungsarten selbst decken.

Die **Teilung** ist wohl die einfachste Vermehrungsart. So kann man vor allem Wasserstauden (z. B. Seerosen, Kalmus, Wasserschwertlilien), Uferstauden (z. B. Margeriten, Ligularien, Primeln) und Gräser (etwa Schilf, Rohrkolben, Seggen) gewinnen. Sie brauchen dazu nur buschige Mutterpflanzen ausgewählter Stauden oder Gräser, einen Spaten oder eine Grabgabel, eine Schere und ein Messer. Die beste Zeit dazu ist im Frühjahr oder

1

2

3

4

im Herbst nach der Blüte. Stechen Sie die Mutterpflanzen zunächst mit Wurzelballen aus. Wählen Sie aber nur gesunde Mutterpflanzen mit besonderen Eigenschaften.

Nachdem Sie die Pflanzen mitsamt den Wurzelballen aus der Erde gegraben haben, setzen Sie je nach Pflanzenart entweder den Spaten oder die Grabgabel an, um die Stauden in etwa vier gleich große, gut bewurzelte Stücke zu teilen. Wenn die Ballen nicht zu sehr verfilzt sind, können Sie die Pflanzen auch mit den Händen schonend teilen. Schütteln Sie vorher die Erde aus, denn dies erleichtert die Teilung. Bei Stauden mit fleischigen Wurzeln, wie etwa Irisarten, ist es ratsam, die zertrennten Wurzelstücke mit dem Messer nachzuschneiden, da glatte Schnittflächen besser heilen als gerissene Wunden.

Gut bewurzelte Teilstücke können Sie, nachdem Sie verletzte Blätter und abgestorbene Pflanzenteile entfernt haben, sogleich im Teichbett oder am Ufer auslegen und in die vorbereitete Erde pflanzen.

Schwach bewurzelte Jungpflanzen sollten Sie besser erst topfen und an einer geschützten Stelle pflegen.

Neben der Teilung hat sich die **Aussaat** als nützliche Vermehrungsmethode bewährt. Vor allem gewinnen Sie dadurch eine große Menge an Pflanzen. Insbesondere Stauden (auch Wasserstauden), Gräser, Sommerblumen, Zwiebel- und Knollenpflanzen oder auch Gehölze sind so vermehrbar. Die beste Zeit zur Aussaat ist im Frühjahr.

Wenn Sie das Saatgut in Multitopfplatten säen, haben Sie schon wenige Wochen nach der Keimung kleine robuste Topfpflänzchen. Kräftige Jungpflanzen kultivieren Sie dann in größeren Töpfen weiter, bis sie stabil genug zum Auspflanzen sind.

2 Zur Zwischenkultur bieten sich Kisten oder Körbe an, die Sie an einem geschützten Ort platzieren sollten. Mit ein wenig Pflege entwickeln sich meist schon bis zum Herbst »fertige Pflanzen«, die Sie noch vor dem Winter ins Freie setzen können.
Gehölze, die Sie etwa zur Befes-

tigung von Uferböschungen verwenden können, werden durch **Stecklinge** vermehrt. Am besten wachsen Sommerstecklinge, die im Juni/Juli geschnitten und gesteckt werden. Geeignet sind besonders Weiden und Wildsträucher.

Sie können aber auch im Winter eine Reihe von Gehölzen durch Steckhölzer gewinnen. Aus einjährigen verholzten Triebstücken, die tief in feuchten Sand gesteckt werden, wachsen beispielsweise Forsythien, Hartriegel, Johannisbeeren oder Weiden. Bei einigen Arten, insbesondere bei Weiden, bewurzeln die Hölzchen sogar im Wasser.

3 Wenn Sie die Wasserpflanzen in Töpfen kultivieren möchten, weil sie sonst zu sehr wuchern oder weil sie im Winter ausquartiert werden müssen, sollten Sie die Teilstücke in Gitterkörbe topfen.

Der Handel bietet spezielle **Pflanzkörbe** an. Sie können aber auch billige Haushaltskörbe dazu benutzen. Zudem brauchen Sie Lehmerde, ein Vlies oder Leinentuch, auch ein Ballentuch eignet sich, das die Erde im Korb und bewurzelte Jungpflanzen festhält.
Jeder Korb wird nun mit dem wasserdurchlässigen Tuch ausgekleidet. Füllen Sie anschließend nur so viel Erde ein, wie Sie brauchen, um die Pflanzen fest einzusetzen. Nun füllen Sie jeden Korb mit Erde auf. Jetzt brauchen Sie nur noch das überstehende Tuch einschlagen oder wegschneiden, dann können Sie die Körbe ins Wasser einsenken.

5

4 Schwimm- oder Tauchblattpflanzen wie etwa Krebsscheren werden einfach abgefischt und umquartiert. Ebenso einfach ist die Wasserpest, eine sauerstoffspendende Unterwasserpflanze, vermehrbar.

5 Dieses Foto zeigt kleine Wasserbecken, die mit verschiedenen Pflanzen begrünt sind. Die meisten Wasserpflanzen sind recht tolerant und vertragen verschiedene Wasserstände ohne Schwierigkeiten. Hier gedeihen Zypergras, Sumpfschachtelhalm, Kalmus und andere Arten.

Sonnenenergie für die Teichpumpe

Material
Solarmodule (je nach Anlage), Solarpumpe, Zubehör, Stativ oder Halterung.

Werkzeug

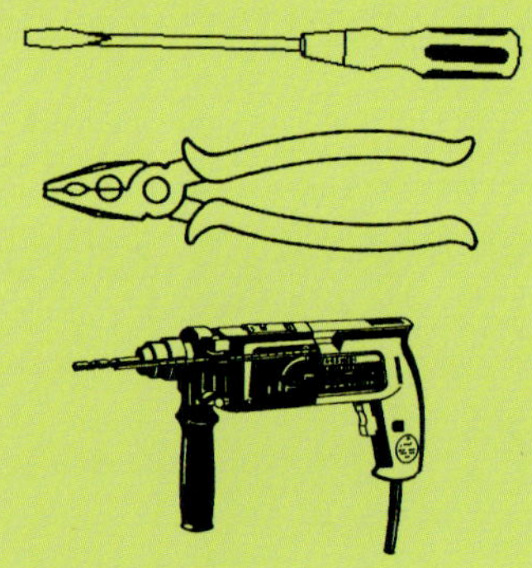

Schwierigkeitsgrad

Kraftaufwand

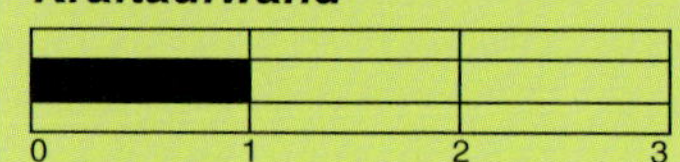

Arbeitszeit
Ungefähr 1 Stunde.

Ersparnis
Durch Eigenbau sparen Sie etwa 51 €.

1 Die Sonnenenergie wird noch viel zu selten genutzt. Dabei könnte diese natürliche Kraftquelle vor allem beim Betrieb nützlicher Einrichtungen in Haus und Garten dienen.
So lässt sich beispielsweise mit wenig Aufwand ein Ventilator, eine Dusche oder auch eine Teichpumpe betreiben. Sie brauchen dazu nur ein »Sonnenkraftwerk« in Form eines oder mehrerer Solarmodule und einen dazu passenden Energienehmer, in diesem Fall eine geeignete Pumpe.

2 Das »Kraftwerk« wird dazu richtig positioniert, damit es so viel Sonnenlicht wie möglich einfängt. Sie können sogar eine drehbare Halterung konstruieren, um die Module dem Kreis der Sonne nachzuführen.
Aber auch auf einem festen Plateau fangen beispielsweise zwei 20-Watt-Module genügend Kraft ein, um eine leistungsfähige Elektropumpe zu betreiben.

3 Dabei halten sich die Investitionskosten für die komplette Ausstattung in Grenzen. Beispielsweise kosten zwei 20-Watt-Module beziehungsweise ein 40-Watt-Modul etwa 300 €. Rechnet man den Preis für die Pumpe, die Leitungen, das Fundament und sonstiges Zubehör dazu, kostet die ganze Solaranlage noch nicht einmal 500 €.

Sie können das kleine Kraftwerk auch anders nutzen, indem Sie den Strom mit einem Umschalter von der Pumpe wegnehmen und an einen anderen Verbraucher umlenken. Vielleicht lohnt sich sogar die Anschaffung einer Batterie, um Energie zu speichern.

Für die Stromgewinnung durch Solarmodule spricht übrigens auch ihre Ungefährlichkeit. Jedenfalls ist der geringe Gleichstrom, den ein oder zwei Module erzeugen, harmlos. Bei großen Anlagen oder bei der Umwandlung in Wechselstrom ist selbstverständlich die nötige Vorsicht geboten.
Die Installation sollten Sie einer Fachfirma (z. B. den Spezialisten eines örtlichen Energiesparladens) überlassen, wenn Sie keine Erfahrung im Umgang mit elektrischem Strom haben. Obwohl Ihnen selbst keine Gefahr durch falsche Anschlüsse droht, kann eventuell doch die Anlage beschädigt werden.

1

2

3

Miniteich für jeden Garten

Material
1 Kunststoffwanne (z. B. Mörtelwanne, 50 bis 80 l), Sand, Erde, Pflanzen, Natursteine.

Werkzeug

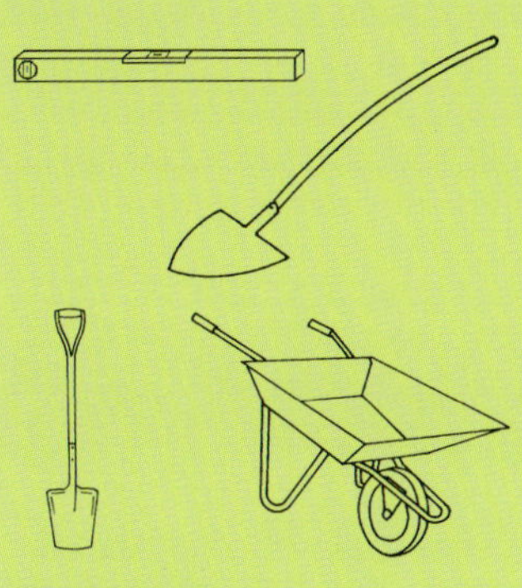

Schwierigkeitsgrad

Kraftaufwand

Arbeitszeit
Bei einem schnellen Arbeitstempo brauchen Sie nur etwa 1 Stunde.

Ersparnis
Durch Eigenbau sparen Sie rund 15 €.

Ein Wasserbecken passt auch in den kleinsten Garten. Sie brauchen also nicht auf eine Wasserstelle zu verzichten, wenn Sie nur eine kleine Fläche zur Verfügung haben.
Ein Minibecken kann auch ein belebendes Element im Kräutergarten sein. Hier gedeihen dann Kalmuspflanzen, Sumpfdotterblumen und andere Heil- und Würzkräuter.

Alles, was Sie zum Bau eines Minibeckens brauchen, sind einige ausgewählte Pflanzen – am besten Kräuter, die am Wasser wachsen –, eine Mörtelwanne (ist preiswert im Baumarkt erhältlich), ein wenig Sand und Natursteine aus der Umgebung oder Ziegelsteine.

1 Die Wasserstelle soll hier am Kräutergarten entstehen. Die Fläche für das Becken ist begrenzt, deshalb wird ein kleiner Kunststoffbottich verwendet. Wenn der Standort festgelegt ist, kann das Fundament gekennzeichnet werden. Dabei dient die Wanne als Vorlage.

2–3 Nach dem Abtragen der Rasensoden können Sie die Erde

1

2

3

4

5

6

auskoffern und andernorts im Garten verteilen. Ein wenig Erde sollten Sie abseits lagern. Sie dient nach dem Einsenken des Beckens als Substrat für die Uferpflanzen. Nährstoffarme Erde können Sie später auch als Teichboden wieder verwenden. Nährstoffhaltige Gartenerde (z. B. Kompost) eignet sich nicht als Teicherde, da sie die Algenbildung beschleunigt.

4 Senken Sie die Wanne mithilfe der Wasserwaage ein. Sie muss genau horizontal liegen, damit das Wasser überall gleich hoch steht und keine Kunststoffteile sichtbar sind. Betten Sie die Wanne dann mit Sand aus. Der feine Sand rieselt in alle Ritzen und verhindert Verformungen der elastischen Kunststoffwanne. Füllen Sie aber nicht vollständig mit Sand auf, damit noch Raum für etwas Erde bleibt. Wenn die Wanne festsitzt, wird der Teichboden mit einer 10 bis 20 cm dicken Schicht Lehmerde bedeckt. Außen sollten Sie mit nährstoffreicher Humuserde auffüllen.

5 Jetzt können Sie die ausgewählten Wasser- und Uferpflanzen auslegen und einsenken. Einige wenige Pflanzen genügen, um den Bottich rasch zu begrünen. Pflanzen Sie nicht zu dicht, sonst verlandet das Wasser.
Nach der Bepflanzung ist es wichtig, dass Sie vorsichtig fluten, damit keine Erde aufgewirbelt wird. Das Wasser klärt sich dann in wenigen Tagen. Schwemmen Sie das Ufer aber tüchtig ein, um alle Hohlräume auszufüllen.

6 **Natursteine** eignen sich am besten zur Uferbefestigung. Verwenden Sie die gleichen Steine, mit denen auch die umliegenden Gestaltungselemente gebaut wurden. Damit lässt sich die Wasserstelle harmonisch in die Umgebung einbinden. Ein Brettchen dient als Brücke für Tiere, die ins Wasser gefallen sind (z. B. Igel)!

7 So ein kleines Becken wirkt in jeder Gartenecke erfrischend und belebend. Der Miniteich kann auch als Sumpfbecken am Fuß einer Kräuterspirale angelegt werden. Hier kann das Becken statt mit Wasser auch mit Lehmerde gefüllt sein. Diese muss natürlich immer feucht gehalten werden.

Achten Sie auch sonst auf einen hohen Wasserstand im Becken. Wenn an heißen Tagen mehrere Liter Wasser verdunsten, sollten Sie täglich nachfüllen. Das steile Ufer wird sonst zur Falle für Tiere. Zudem sollten Sie mit einem Brettchen einen Übergang vom Wasser zum Ufer schaffen.

Wenn Sie heimische Wasserpflanzen eingesetzt haben, braucht die Wasserstelle keine besondere Pflege. Gelegentlich sollten Sie nur zu wüchsige Pflanzen ein wenig reduzieren und Grünalgen abfischen.

Heimische Wasserpflanzen sind frosthart. Der Teich kann also im Winter schutzlos draußen liegen.

7

Ein fahrbarer Miniteich

Material
1 Kunststoffwanne, Kanthölzer, Bohlen, Nut- und Federbretter, Zierleisten, wetterfeste Lasur, 4 Rollen, 16 Metallwinkel, verzinkte Schrauben, Nägel, Farbe, Ziegel, Erde, Kiesel, Wasserpflanzen.

Werkzeug

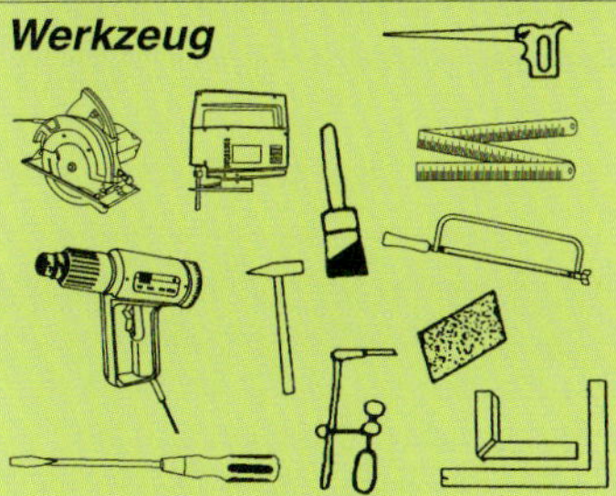

Schwierigkeitsgrad

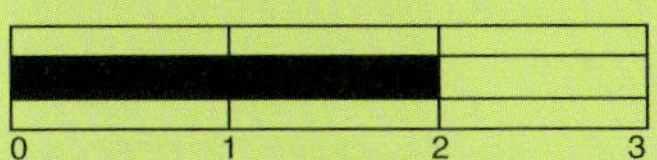

Kraftaufwand

Arbeitszeit
Sie benötigen etwa 16 Stunden, um einen Balkonteich zu bauen.

Ersparnis
Sie können rund 250 € einsparen.

1

2

3

4

Auch wenn Sie keinen Garten haben, brauchen Sie als Balkon- oder Terrassenbesitzer nicht auf den Wassergarten verzichten, und sogar im Zimmer können Sie am Wasser sitzen.
Der fahrbare Bottich macht es möglich – es gibt viele Wasserpflanzen, die in flachem Wasser gedeihen. Sie können sogar Seerosen in Kübeln, Becken oder Wannen zum Blühen bringen.
Leider sind Eichenholzfässer, die sich für Wassergärten besonders gut eignen, sehr teuer. Große Stein- und Keramikgefäße sind kaum transportierbar und auch zu schwer für den Balkon. Eine ideale Alternative sind Kunststoffbehälter, wie sie preiswert in Baumärkten angeboten werden. Allerdings wirken diese schwarzen Kübel und Wannen nicht sehr dekorativ, Sie können aber jedes dieser Kunststoffgefäße zu einem Schmuckstück umwandeln, indem Sie es mit Holz verkleiden.

Wenn Sie zudem Rollen montieren, wird das Gefäß sogar mobil. Gewöhnlich trägt jeder Balkon pro Quadratmeter mindestens 200 kg. Erkundigen Sie sich aber vorher beim Architekten Ihres Hauses oder beim Hausherrn.
Das Gesamtgewicht eines Balkonteichs errechnet sich aus der Wassermenge (pro Liter Wasser 1 kg Gewicht), dem Holzaufbau, dem Pflanzsubstrat, den Pflanzen und eventuell aus Ziegeln, die als Unterlage dienen, sowie aus Kieseln, mit denen die Pflanzen beschwert werden. Wenn Sie beispielsweise eine 80-Liter-Wanne verwenden, muss mit einem Gesamtgewicht von etwa 100 kg gerechnet werden.
Wählen Sie nur wetterfestes Material (rostfreie Rollen und Schrauben, Massivholz oder wasserfestes Leimholz) und imprägnieren Sie den Holzkasten, damit ihn weder das Regen- noch das Teichwasser morsch machen.

1 Den Holzrahmen können Sie aus sägerauhem Holz bauen. Die preiswerten ungehobelten Kanthölzer sind genauso stabil und dauerhaft wie teure gehobelte Profilhölzer. Das rauhe Traggestell wird mit gehobelten Brettern verschalt.

2 Zunächst bauen Sie den Holzrahmen aus sägerauhen Kanthölzern zusammen. Dazu werden die Maße auf das Holz übertragen. Der Innendurchmesser des Rahmens sollte dem Außendurchmesser der Wanne entsprechen, wenn die Wanne also zum Beispiel 64 cm misst, sollte auch der Holzrahmen innen 64 cm breit sein.

Die markierten Hölzer können Sie mit einer einfachen Bügelsäge zuschneiden. Achten Sie dabei auf eine gerade Sägeführung, damit die Rahmenteile beim Montieren glatt an den Schnittstellen anliegen.

Die zugeschnittenen Rahmenteile fügen Sie nun auf einer ebenen Unterlage zusammen. Die Wanne muss genau in den Rahmen passen. Wenn die Teile im Winkel zusammenpassen, verbinden Sie sie mit Metallwinkeln. Dabei hilft eine Bohrmaschine, mit der Sie Löcher für die Schrauben vorbohren sollten. Jetzt lassen sich die Schrauben leicht mit dem Elektroschrauber eindrehen. Selbstverständlich können Sie die Teile auch manuell mit einem Schraubendreher montieren.

Drehen Sie die Schrauben jetzt noch nicht richtig fest, damit Sie die Rahmenteile noch korrigieren können, wenn sie nicht richtig im Winkel sind. Nach der Montage der unteren Rahmenteile können die oberen Querstreben eingesetzt werden. Prüfen Sie dabei nochmals, ob die Wanne exakt in den Rahmen passt.

Der Rahmen wird jetzt umgedreht, damit sich die oberen Querstreben befestigen lassen. Auch dazu sollten Sie Metallwinkel verwenden. Wenn der Rahmen ausgerichtet ist, ziehen Sie alle Schrauben fest an. Schließlich muss der Rahmen später ein Gewicht von etwa 80 kg tragen (entsprechend weniger, wenn ein kleines Gefäß eingesetzt wird). Eckstreben sollen den Rahmen verstärken.

Sie werden aus dem gleichen Holz geschnitten. Legen Sie dazu einen 45-Grad-Winkel an und markieren Sie die Schnittstellen.

Bemessen Sie die Eckstreben nicht zu lange; sie müssen genau in die Winkel passen, damit sie beim Einsenken der Wanne nicht hindern. Auch diese Teile lassen sich leicht mit der Bügelsäge zuschneiden.

5

6

7

8

Achten Sie wieder auf eine senkrechte Sägeführung, damit glatte Schnittstellen exakte Verbindungen gewährleisten.
Die Eckstreben verbinden Sie mit verzinkten Schrauben fest mit dem Rahmen. Dazu werden zunächst die Löcher vorgebohrt.

3 Der fertige Rahmen kann mit Nut- und Federbrettern verkleidet werden. Die dünnen Bretter befestigen Sie mit Nägeln, die Sie später mit Zierleisten verdecken. Überstehende Bretter schneiden Sie mit der Säge bündig am Rahmen ab.

Jetzt sollten Sie die Bretter für die Deckplatte zurichten. Die Schnittstellen müssen im 45-Grad-Winkel angeordnet sein. Das erste Brett dient dabei als Vorlage. Kontrollieren Sie aber mit einem Winkelmesser nach, damit die Deckbretter beim Montieren richtig zusammenpassen. Nach dem Zuschneiden können Sie die Deckbretter auflegen, sie müssen vor allem an den Schnittstellen bündig anstoßen. Auch hier gewährleisten Schraubenverbindungen festen Halt. Die Verbindungsstellen mit dem Rahmen werden vorgebohrt.

4 Die Wanne dient als Vorlage für den kreisrunden Ausschnitt. Sie wird umgedreht und auf die Deckplatte gestülpt. Zentrieren Sie die Wanne, bevor Sie nun den Ausschnitt mit Bleistift kennzeichnen.

5 Der Ausschnitt muss natürlich kleiner sein als der Außendurchmesser der Wanne, damit sie fest mit der Krempe auf der Deckplatte aufliegt. Die Krempe misst etwa 2,5 cm. Verkleinern Sie den Kreis um dieses Maß. Beim Aussägen des Kreisausschnitts ist eine Stichsäge ein nützliches Hilfsmittel. Aber auch mit einer verstellbaren Bügelsäge kommt ein kreisrunder Ausschnitt zustande. Einen welligen Sägeschnitt können Sie mit einer Raspel und mit Schleifpapier glätten.

6 Wenn Sie die Deckplatte besonders dekorativ gestalten möchten, können Sie die Reste der Nut- und Feder-Bretter beispielsweise diagonal auflegen, mit Nägeln fixieren und dann bündig zuschneiden. Sie können dazu auch alte Bretter bzw. Reste verwenden. Die Farbunterschiede werden nach dem Anstreichen verdeckt.

7 Die Wanne liegt nur glatt auf der Deckplatte auf, wenn Sie die Stege und Griffe an der Krempe glatt abschneiden. Mit einer kleinen Handsäge geht das ganz einfach.

8 Nachdem Sie die Wanne eingepasst haben, montieren Sie die Rollen. Es sollten stabile kugelgelagerte Rollen sein, damit sie sich auch bei vollem Gewicht der Wanne noch mühelos drehen.

9 Jetzt können Sie die Wanne wieder »auf die Beine« stellen, um die letzten Dekorationsarbeiten zu erledigen.

So sollten Sie sowohl die Nagelköpfe als auch die Ecken mit Zierleisten verkleiden. Der Handel bietet verschiedene Zierleisten-Typen.

Wählen Sie breite Leisten, denn sie lassen sich mit wetterfesten Messingnägeln leicht befestigen. Schließlich sollten Sie den fertigen Holzbau noch mit einer wetterfesten Lasur imprägnieren.

Nachdem die Lasur trocken ist, können Sie die Kunststoffwanne endgültig einsenken, um sie zu bepflanzen.

Bedenken Sie, dass Flachwasserpflanzen einen erhöhten Grund brauchen. Als Podeste für Topfpflanzen können beispielsweise Ziegel dienen. Tiefwasserpflanzen können Sie direkt auf den Boden stellen oder in Lehmerde einpflanzen, die den Boden etwa 20 cm dick bedecken sollte.

Senken Sie nun die ausgewählten Pflanzen ein und beschweren Sie die Töpfe mit Kieselsteinen, damit sie nicht kippen können.

9

Sobald alle Pflanzen an ihrem Platz stehen, können Sie den Balkonteich fluten. Füllen Sie das Wasser mit geringem Druck ein, damit keine Erde aufgewirbelt wird.

Beachten Sie bei der Pflanzenauswahl die Standortbedingungen; so eignen sich etwa nur frostharte Arten, wenn der Balkonteich das ganze Jahr draußen bleiben soll. Wollen Sie den Teich im Haus (etwa im Badezimmer) als Möbel verwenden, können nur exotische Wasserpflanzen eingesetzt werden, die ständig warmes Klima vertragen.

Der Teich ist leicht zu pflegen; Sie brauchen während der warmen Jahreszeit nur verdunstetes Wasser aufzufüllen und im Wasser schwebende Grünalgen auszuräumen.

Folienteich mit Bach

Material
Teichfolie, Vliesmatte, Kies (Rollkies), Findlinge (große Kiesel), Sand, Wasser- und Uferpflanzen

Werkzeug

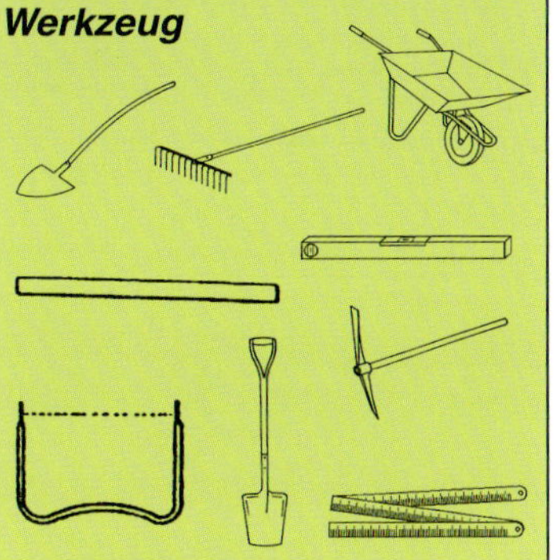

Schwierigkeitsgrad

Kraftaufwand

Arbeitszeit
Einen Folienteich können Sie in ungefähr 16 Stunden anlegen.

Ersparnis
Die Ersparnis durch Eigenleistung liegt bei etwa 250 €.

Ein echter Naturteich entsteht, wenn sich Quellwasser, Regen- oder Schmelzwasser in einer Senke sammelt.
Ein Folienteich ist deshalb kein Naturteich, sondern ein künstliches Wasserbecken. Dennoch können Sie mit Folie einen wertvollen Lebensraum für viele Tiere und Pflanzen schaffen; die Teichbewohner siedeln auf künstlichem Terrain ebenso gut wie auf gewachsenem Grund. Im Übrigen verschwindet die Folie nach dem Einbauen völlig unsichtbar unter einer Rollkiesschüttung.

1 Nach dem Erdaushub mit einem Leihbagger (etwa 125 € Tagesmiete) wird das Sandpolster ins Teichbett gefüllt und anschließend verteilt.

2 Auf das Sandpolster kommt das Teichvlies und darauf die 1 mm starke PE-Teichfolie. Schon jetzt lässt sich die Seerose an der Tiefstelle in ein wenig Erde pflanzen und mit Wasser fluten. Währenddessen gehen die Arbeiten am Ufer weiter.

3 Die Folie wird mit Rollkies bedeckt; er schützt und kaschiert sie.

1

2

3

4

6

8

5

7

9

10

11

12

4 Für den Bach eignet sich ein schmaler Folienstreifen; dieser soll auf der Teichfolie überlappen, dann sind Verklebungen unnötig.

5 Beim Bachausbau mit Steinen muss Sorgfalt walten, damit die Steine richtig liegen und das Wasser darüber plätschert und nicht unten durch läuft; während des Ausbaus also das Wasser laufen lassen.

6 Die Folie wird in Falten über die Steine gezogen; sie verschwindet später unter Kieseln.

7 Der Versorgungsschlauch, der von der Pumpe im Teich zur Quelle führt, wird in den Boden eingegraben.

8 Während der Teich voll gefüllt wird, lässt sich die Uferpflanzung erledigen.

9 Der Folienrand wird nach oben gerichtet und mit Kieseln eingebaut; dann erst knapp über der Wasseroberfläche abschneiden.

10 Sobald die Folie rundum abgeschnitten ist, wird sie völlig mit Kieseln kaschiert.

11 Hier grenzt ein Belag aus Kopfsteinpflaster an den Teich an; er wird mit Sand verfugt.

12 Erst wenn der Teich fertig gestaltet ist, wird auch die Uferanlage vollendet.

Bei diesem Beispiel wird deutlich, wie ideal die Teichfolie als Schalung geeignet ist. Sie lässt sich beliebig formen und passt sich jedem Gelände an. Zudem ist sie strapazierfähig und haltbar. Den natürlichen Charakter bekommt der Wassergarten durch die Kiesel.

Betonbecken mit Schalung

Material

Für die Schalung: Spanplatten, Dachlatten. Für den Teich: Kies, Zement, Wasser, Baustahlgewebe, Abflussrohr, Dichtungsschlämme oder wasserfeste Farbe, Pflanzen.

Werkzeug

Schwierigkeitsgrad

Kraftaufwand

Arbeitszeit

Einen Betonteich haben Sie in etwa 8 Stunden gebaut.

Ersparnis

Durch Eigenbau sparen Sie rund 125 €.

1

2

3

4

Als Alternative zu Kunststoff- oder Folienbecken bietet sich der Bau eines Betonteichs an. Einen solchen können Sie beliebig gestalten und Größe sowie Form nach Ihren Wünschen festlegen. Beton ist ein elastisches Baumaterial, das sich deshalb hervorragend für den Teichbau eignet. Frischen Beton aus Zement, Kies und Wasser können Sie leicht selbst mischen und mit ein wenig Übung auch mühelos verarbeiten. Beton ist zudem wetterfest und stabil, sodass Sie auch nach Jahren keinen Ärger mit undichten Stellen haben. Hier wird gezeigt, wie ein Formbetonteich mit senkrechten Wänden gebaut wird, der in verschiedene Wasserzonen unterteilt ist. Dazu wird eine Schalung angefertigt, die dem weichen Beton während der Trockenphase Halt gibt, damit schließlich glatte Wände zustande kommen. Statt dessen können Sie natürlich auch frei modellieren und einen Betonteich ohne Schalung bauen. Beton bietet sich auch dazu an. Allerdings ist wichtig, den Mörtel nicht direkt auf die Erdsohle, sondern auf eine Kiesschüttung aufzutragen und die Betonschicht mit einer Bewehrung zu verstärken (z. B. mit verzinktem Maschendraht), damit die Betonschale dem Wasserdruck standhält und sich keine Risse bilden. Nach dem Betonieren versiegeln Sie den trockenen Beton mit einer Dichtungsschlämme, um das Teichbett ganz wasserdicht zu machen. Wenn Sie den Teichboden anschließend mit Kies bedecken, ist nichts mehr vom Beton zu sehen.

1 Wenn Sie Lage, Größe und Form des Teichs festgelegt haben, kennzeichnen Sie das Teichbett mit Sand, Sägemehl oder ähnlichem Material.
Koffern Sie nun das Teichbett der Markierung entsprechend aus. Formen Sie schon beim Erdaushub mit dem Spaten verschiedene Bereiche für Tiefwasser- und Flachwasserpflanzen. Empfehlenswert ist, die Tiefwasserzone mindestens 60 cm tief auszukoffern, damit auch bei extremer Kälte ein frostsicherer Bereich für empfindliche Wasserpflanzen und ein Rückzugsort für Teichtiere erhalten bleibt.

Wenn Sie den Teich nicht so tief bauen, können nur heimische Pflanzen ganzjährig kultiviert werden, denen auch das völlige

Zufrieren nicht schadet. Fische sollten Sie dann aber jedes Jahr rechtzeitig ausquartieren.

2 Dem geformten Teichbett entsprechend bauen Sie nun die Schalung. Übertragen Sie die Maße des Teichfundaments zunächst auf ein Blatt Papier. Beachten Sie beim Ausmessen der einzelnen Schalungsteile, dass zwischen den Teichwänden und der Schalung ein Abstand von ungefähr 10 bis 15 cm für die Betonfüllung bleiben muss. Die maßstabsgetreue Zeichnung dient nun beim Bau der Schalung als Vorlage. Das Baumaterial bekommen Sie in einer Schreinerei oder einem Baumarkt. Einfache Spanplatten und sägerauhe Dachlatten können Sie gut für die Schalung verwenden, da sie ja nur während der Trocknung des Betons gebraucht wird.

Übertragen Sie die Maße vom Papier auf das Holz und schneiden Sie die Einzelteile aus den Spanplatten heraus. Legen Sie diese nun neben dem Teichbett aus und fügen Sie sie zusammen, nachdem Sie an den Verbindungsstellen Kanthölzer befestigt haben.

5

6

7

3 Zum Schluss sollten Sie die Schalung noch mit Abstandsleisten stabilisieren, damit der schwere Beton sich nicht verformen kann.

Jetzt können Sie die fertige Schalung ins Teichbett einsenken. Eventuell müssen Sie Unebenheiten noch ausgleichen, damit die Schalung glatt aufliegt. Zwischen der Schalung und den Teichwänden sollte rundherum ein Abstand von etwa 10 bis 15 cm bestehen, damit eine stabile Betonwand geschaffen werden kann. Richten Sie die Schalung dann mit Hilfe einer Wasserwaage horizontal aus.

Wenn Sie eine Pumpe einbauen wollen, können Sie das Stromkabel schon vor dem Betonieren unter der Schalung durchführen. Allerdings lässt sich die Pumpe dann später nicht mehr aus dem Teich holen. Sie können die Pumpe aber auch nach dem Teichbau einsenken und das Kabel von oben zuführen. Wichtig ist, vor dem Betonieren der Teichsohle einen Wasserablauf einzubauen. Dazu heben Sie den Boden an der Ablaufstelle etwa 30 cm tief aus und füllen Drainagekies in diese Grube. In die Drainage stecken Sie ein Ablaufrohr oder Schlauchstück, das mit einbetoniert wird.

Den Beton können Sie im Betonmischer oder in einer Schubkarre mischen. Dazu werden fünf Teile Kies mit einem Teil Zement tüchtig vermischt und mit Wasser verrührt, bis eine zähe Masse entsteht.

4 Hinterfüllen Sie die Schalung gleich mit dem Beton und achten Sie darauf, dass die Schalung nicht verrutscht. Auch der Teichboden wird mit Beton ausgegossen. Die Betonschicht sollte mindestens 10 cm dick sein. Beim Betonieren ist wichtig, den Zementmörtel richtig zu verdichten, damit keine Hohlräume erhalten bleiben. Das geht am besten mit einem Holzstampfer.

Der Betonmantel wird erst durch die Bewehrung druckstabil und

8

reißfest. Der Baustoffhandel bietet dazu Baustahlgewebe an, das Sie sich zuschneiden und in die Füllung stecken. Stattdessen können Sie auch starren verzinkten Maschendraht verwenden.

5 Nach 48 Stunden härtet der Beton. Bis dahin darf die Schalung nicht belastet werden.

6 Nach der Trocknung wird die Schalung zerlegt und vorsichtig vom Beton gelöst.

7 Wenn die Schalung entfernt ist, kann der Beton richtig austrocknen. Inzwischen sollten Sie alle Fugen, die durch überstehende Schalungsbretter entstanden sind, mit Beton ausstreichen.

8 Sobald die Nacharbeiten erledigt sind und der Beton ausgetrocknet ist, wird die Dichtungsschlämme aufgetragen. Sie können auch wasserfeste Farbe verwenden. Noch bevor der erste Anstrich trocken ist, sollten Sie einen zweiten auftragen, der den Betonmantel hundertprozentig wasserdicht macht.

Dann können Sie die Wasserpflanzen einsenken und das Becken fluten.

Betonringteich – Wassergarten aus Fertigteilen

Material
Brunnen- oder Schachtring, Sand, Folie, Bandeisen, Nieten oder Schrauben und Dübel, Erde, Kiesel, Pflanzen.

Werkzeug

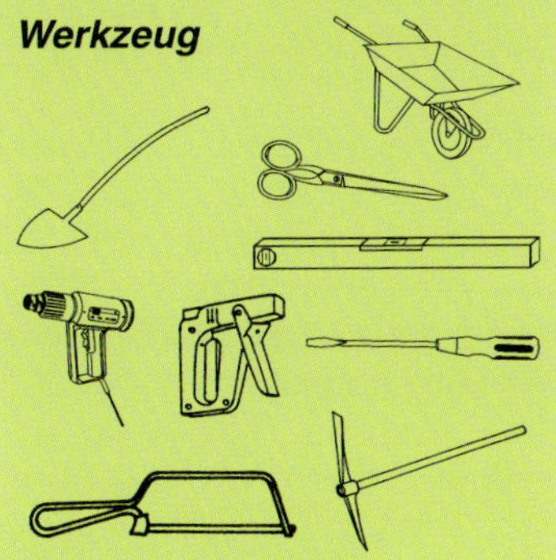

Schwierigkeitsgrad

Kraftaufwand

Arbeitszeit
Einen Betonringteich bauen Sie in etwa 8 Stunden.

Ersparnis
Durch Eigenbau sparen Sie rund 125 €.

Die Industrie produziert ein reichhaltiges Sortiment von Fertigbauteilen für den Hoch- und Tiefbau. Insbesondere die Schacht- oder Brunnenringe, die in verschiedenen Größen hergestellt werden, bieten sich auch für den Teichbau im Garten an.

Für einen Betonteich aus Brunnenringen sprechen die Stabilität und der günstige Preis dieser Industriefertigteile. Ein Nachteil ist ihr großes Gewicht, denn die Ringe wiegen je nach Größe mehrere Zentner; Sie können sie kaum selbst transportieren. Allerdings kann sie der Baustoffhandel mit einem Kranwagen liefern und auf den vorbereiteten Platz hieven, wenn eine Zufahrtsmöglichkeit besteht. Zur Not können Sie die Ringe auch rollen.

1 Sobald der Standort vorbereitet ist, wird der Ring platziert. Sie können ihn auch in den Boden einsenken, sodass man nichts mehr von ihm sieht. Den Untergrund sollten Sie mit Sand bedecken, um die Folie gut zu schützen.

Danach legen Sie die Folie aus. Vermeiden Sie dabei große Falten und fixieren Sie die Folie mit Steinen. Beim Einfüllen der Lehmerde wird sie dann auf den Boden und an die Wände gepresst. Nachdem Sie den Teich bepflanzt haben, können Sie diesen mit Wasser auffüllen. Das Wasser drückt die Folie jetzt fest auf den Untergrund.

1

Selbstverständlich können Sie den Betonringteich auch mit einem anderen Material (z. B. mit einer Dichtungsschlämme) versiegeln, nachdem der Boden abgedichtet (etwa mit Beton ausgegossen) ist.

Den Folienrand befestigen Sie am besten mit einem dünnen Bandeisen, das Sie am Ring festdübeln oder festnieten.

2

3

Den »nackten« Ringteich können Sie streichen, mit Holz einfassen oder mit selbstklimmenden Kletterpflanzen begrünen, die den Beton rasch überwuchern. Die Wasserfläche müssen Sie dann allerdings von Zeit zu Zeit mit der Gartenschere freimachen.

2 Bepflanzen Sie den Ring mit geeigneten Arten und bauen Sie ihn mit Kieseln aus.

3 So sieht Ihr Betonteich wenige Wochen später aus.
Sie können die Ringe auch aufeinander setzen, wenn Sie einen tiefen Teich haben wollen. So lässt sich aus drei Ringen verschiedener Größen ein Teich mit drei Wasserzonen bauen. Dazu wird zunächst für den größten Ring ein Fundament ausgekoffert.

Sobald dieser Ring im Boden versenkt ist, wird in der Mitte das Fundament für den zweiten Ring ausgekoffert. Wenn auch dieser Ring im Boden versenkt ist, brauchen Sie nur noch den kleinsten Ring für die Tiefwasserzone einzubauen und das gesamte Teichbett mit Folie oder mit einem anderen wasserdichten Material auszukleiden.

Teichwasser aus dem eigenen Speicher

Material
Brunnen- oder Schachtringe, Mörtel, Baustahlgewebe, Handschwengel- oder Elektropumpe, Saugschlauch, Kunststoffschlauch, Zuleitung zum Regenrohr, Dichtungsschlämme, Silikon, Profilbretter, Schlossschrauben.

Werkzeug

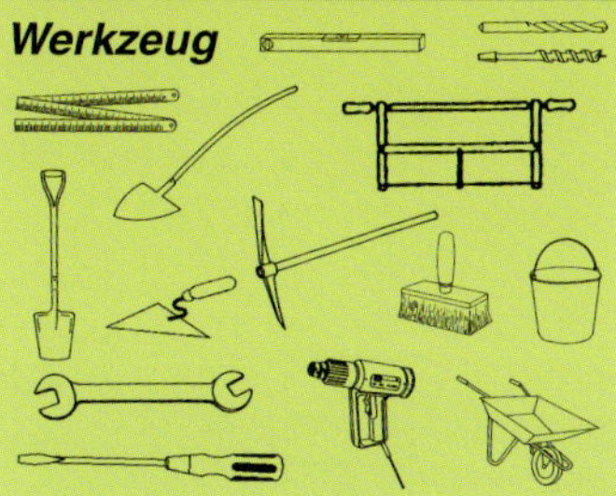

Schwierigkeitsgrad

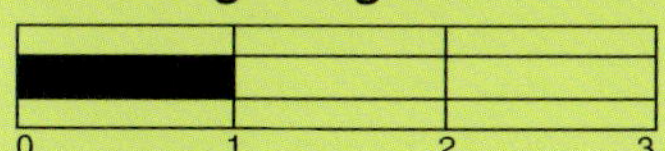

Kraftaufwand

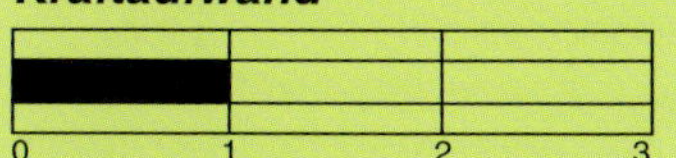

Arbeitszeit
Die Arbeitszeit hängt von der Größe des Speichers ab, hier wurden etwa 24 Stunden benötigt.

Ersparnis
Sie sparen rund 350 €, wenn Sie selbst einen Speicher bauen.

Wenn an heißen Tagen sehr viel Wasser aus dem Teich verdunstet, sollten Sie gelegentlich Teichwasser nachfüllen. Leitungswasser ist dazu aber nicht zu empfehlen, denn das Trinkwasser ist zu wertvoll für den Garten.

Am besten legen Sie deshalb ein eigenes Regenwasser-Reservoir an, aus dem Sie stets kostenlos weiches Wasser schöpfen können. Leider liegen die meisten Grundstücke zu hoch über einem Grundwassersee, sodass sich das Brunnengraben, -schlagen oder -bohren kaum lohnt. Wieso sollte man Regenwasser nicht als Quelle nutzen? Es ist zwar häufig sauer und verschmutzt, doch den ersten Regenguss kann man ja in den Kanal ableiten. Erst nachdem die Luft »gewaschen« und das Dach abgespült ist, wird das Regenrohr angezapft. Nun fließt klares, weiches Wasser in die Regentonne oder in die selbstgebaute Zisterne.

Nach einem Wassertest mit einem pH-Wert-Messer oder Indikatorpapier können Sie die Pflanzen und nicht zuletzt den Teich mit diesem Wasser versorgen.

1

2

3

4

5

Sie brauchen dazu einen großen Speicher mit ausreichendem Fassungsvermögen, den Sie mit dem Dach oder einer anderen Sammelfläche und einem Regenrohr verbinden. Sie können das Regenwasser natürlich auch von einem abseitigen Regenrohr durch einen Schlauch in den Speicher leiten oder eine Verbindung mit einem Lauben- oder Glashausdach herstellen.

1 Für den Bau eines Speichers brauchen Sie Brunnen- oder Schachtringe, Dichtungsmasse, eine Förderpumpe mit Saugschlauch und eine Zuleitung zu einem Regenrohr. Der Speicher kann unter- oder oberirdisch gebaut werden. Sie können den Speicher auch zum Teil in den Boden einsenken und oben einen Brunnenkopf aufsetzen. Das Speichervermögen errechnet sich aus dem Radius, der Höhe und der Konstante Pi. Wenn Sie wie hier zwei Ringe mit jeweils 80 cm Durchmesser und 50 cm Höhe aufsetzen, können Sie 0,5 m^3 Wasser speichern (Radius x Radius x Höhe x 3,14). Für die Wasserversorgung eines kleinen Reihenhausgartens wie hier genügt diese Speicherkapazität.

2 Sobald der Standort festgelegt ist, wird das Fundament ausgemessen und markiert. Hier soll nach dem Bau ein Fallrohr am Haus mit einem Regensammler angezapft und mittels Schlauchleitung mit der Zisterne verbunden werden. Dieser Speicher wird flach auf den Boden aufgesetzt, weil darunter eine Tiefgarage liegt. Die Basis für das erste Brunnenrohr richten Sie mit der Wasserwaage aus.

3 Der Ring soll »im Wasser liegen«; wenn nötig, muss noch untergraben werden.

4 Bevor Sie den Boden versiegeln, legen Sie die Zuleitung zur Pumpe. Wenn Sie die Pumpe neben dem Speicher aufstellen wollen, muss das Saugrohr unter dem Ring (wenn Sie tiefer bauen, unter den Ringen) durchgeführt werden. Wenn Sie die Pumpe auf den Brunnenkopf aufsetzen, kann das Saugrohr später auch durch den Deckel geführt und ins Wasser eingesenkt werden.

5 Der Pumpenfuß soll fest auf einem Sockel stehen; heben Sie dazu ein kleines Fundament aus und füllen Sie es mit Beton. Das

6

7

8

10

9

11

Saugrohr wird mit einbetoniert. Setzen Sie dann den Pumpenfuß auf und drücken Sie ihn in den noch weichen Beton, damit die Abdrücke sichtbar werden. Der Fuß wird wieder entfernt. Jetzt können Sie die Schlossschrauben an den Markierungen in den Beton stecken. Ist der Beton trocken, können Sie den Fuß auf den Sockel setzen und befestigen.

6 Setzen Sie nun den Brunnenkopf auf. Die schweren Ringe lassen sich mit vereinten Kräften einfacher befördern als alleine. Sobald der Ring aufsitzt, muss er mit einem Brecheisen exakt auf den unteren gehebelt werden.

7 Dann können Sie den Boden mit Beton ausgießen. Baustahl zur Festigung nicht vergessen (!) und die Fugen verstreichen.

8 Bevor Sie die Pumpe montieren, wird das Schlauchanschlussstück auf die richtige Länge zugeschnitten und mit Silikon bestrichen. Dazu muss auch die Rückschlagklappe in der Pumpe nach dem Ansaugen wieder zurückfallen und richtig dichten. Sie darf nicht im Saugschlauch stecken bleiben.

12

Profitipp
Die Verbindungsstelle mit der Pumpe muss luftdicht sein, sonst saugt sie kein Wasser!

9 Die Pumpe kann dann aufgesetzt und verschraubt werden. Probepumpen zeigt, ob sie richtig angeschlossen ist.

10 Damit kein Wasser verloren geht, sollten Sie den Speicher noch mit einer Dichtungsschlämme (oder mit wasserfester Farbe) ausstreichen.

11 Eine Holzverschalung macht das Wasserreservoir schließlich zum Schmuckstück.

12 Zum Schutz für Mensch und Tier sollten Sie dem Wasserspeicher dann noch einen stabilen Deckel aufsetzen.

Teichausbau mit Ufergestaltung

Material
PE-Teichfolie (1 mm), Rollkies, Natursteine, Teichvlies, Pumpe, Pflanzen, Schlauch, Kupferrohr.

Werkzeug

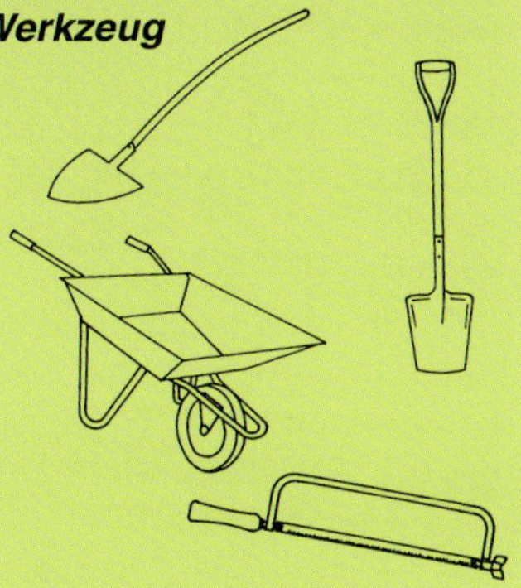

Schwierigkeitsgrad

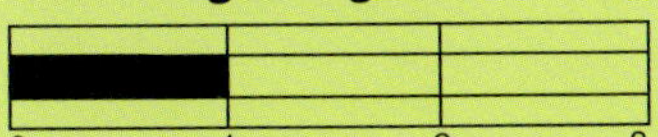

Kraftaufwand

Arbeitszeit
Hierfür benötigen Sie etwa 10 Stunden.

Ersparnis
Sie können rund 250 € einsparen.

1 Hier wird ein kleiner Teich mit Steingarten in sonniger Lage neben einem Wintergarten angelegt. Die Erdarbeiten sind bereits ausgeführt, und die Einrichtung hat begonnen.

2 Das Schutzvlies muss lückenlos auf dem Teichboden liegen; hier wird es an den Wintergarten-Sockel angefügt.

3 Sorgen Sie dafür, dass auf dem Vlies die Folie sicher aufliegt. Die Rieselschüttung schadet ihr nicht, zumal das darunter liegende Vlies gut polstert.

4 Verteilen Sie nun die Rieselschüttung auf der ganzen Fläche. Der Riesel drückt die Folie gleichmäßig ins Teichbett.

Profitipp
Bei großen Steinen, die einen punktuellen Druck ausüben, muss beim Einrichten das Wasser mit eingefüllt werden. Sonst verspannt sich die Folie und liegt nicht richtig am Boden auf.

5 Offensichtlich überlappende Folienstücke lassen sich bereits jetzt abschneiden. Achten Sie

1

2

3

4

5

6

7

8

9

darauf, dass Sie die Folie nicht zu knapp abschneiden.

6 An der tiefsten Stelle soll eine Seerose wachsen; sie wird in ein wenig Lehmerde gepflanzt oder im Korb eingesetzt.

7 Während der Teich eingerichtet wird oder im Anschluss daran, können Sie mit dem Ausbau des angrenzenden Steingartens beginnen. In diesem Fall wird eine Trockenmauer aufgebaut. Mit kantigen Natursteinen – je nach Region – lässt sich eine senkrechte Wand bauen. Der Schlauch für das Sprudelrohr wurde hier durch eine Bohrung geführt. Er kann auch in eine Fuge gesteckt werden.

8 Sichtbar ist jedoch nur das Kupferrohr. Es wird passend zugeschnitten und auf den Schlauch gesteckt.
Vor dem Zuschneiden sollte der Wasserstrahl geprüft werden; falls nötig, lässt sich jetzt noch die Richtung ändern.

9 Den Wasserstrahl erzeugt eine Pumpe, die an den Schlauch angeschlossen und im Teich versenkt wird.

10

11

12

13

10 Der kräftige Strahl ist gut sichtbar und hörbar. Er darf natürlich nicht auf Wasserpflanzen gerichtet sein!

11 Jetzt schneiden Sie den Foliensaum bündig zur Wasseroberfläche ab und bauen ihn ganz ein. Die Folie verschwindet dann völlig unter der Rieselschüttung.
Damit das Wasser gut sichtbar bleibt, werden nur wenige Pflanzen im Teich eingesetzt. Rundherum wird der Teich jedoch üppig mit Stauden begrünt, damit er später wie eine kleine Oase wirkt.

12 Der Zugang zum Haus lässt sich schön und dauerhaft mit Pflastersteinen befestigen.
Sie können die ganze Teich-Steingarten-Anlage mit Pflastersteinen einfassen. Es eignen sich auch andere Natursteine oder Klinker.

13 Die kleine Anlage passt optimal neben den Wintergarten, zumal sie den Ausblick nicht hindert. Der Teich wird mit Regenwasser vom Dach versorgt.

Teichpflege rund ums Jahr

Material
Wasserprüf-Set (Minilabor), Schutzmaterial (Vlies, Folie etc.), Netz zum Laubfangen, Kiesel zum Auffrischen, Pumpe.

Werkzeug

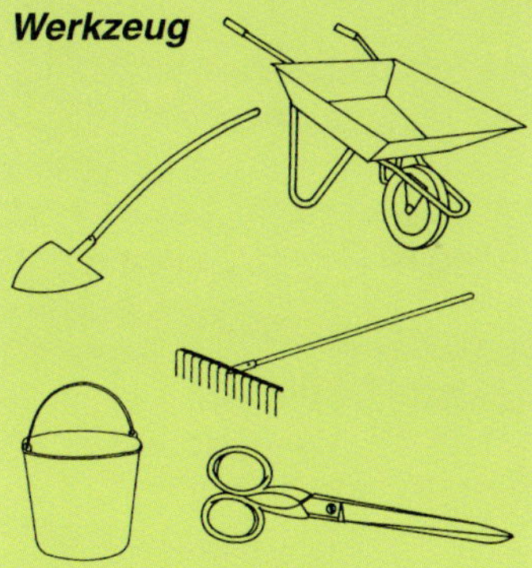

Schwierigkeitsgrad

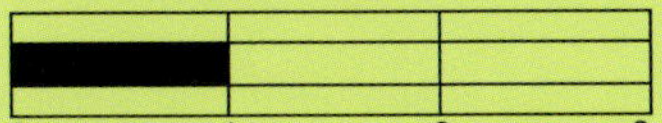

Kraftaufwand

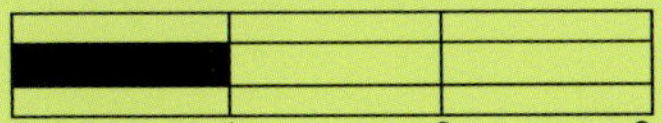

Arbeitszeit
Für eine gründliche Pflege etwa 6 Stunden.

Ersparnis
Ungefähr 150 €.

Ein richtig angelegter, gesunder Teich braucht nur sehr wenig Pflege. Dies gilt vor allem dann, wenn er einen Zulauf hat. Allerdings sollten Sie seine Entwicklung rund ums Jahr beobachten und nötigenfalls regulierend eingreifen. Reduzieren Sie allzu vitale Pflanzen und putzen Sie abgestorbene Pflanzenteile aus. Das geschieht am besten im **Frühjahr**, wenn die extremen Fröste vorbei sind.
Ebenso werden im Frühjahr auch Frostschäden an Pflanzen sichtbar, die dann mitsamt dem dürren Kraut beseitigt werden.

Im **Herbst** sollten Sie nicht zur Schere greifen, denn dürre Gräser- und Staudenbüschel sowie Samenstände dienen einerseits als Schutz der Wurzelstöcke und andererseits als Unterschlupf für Tiere sowie als Vogelfutter.

Auch ist darauf zu achten, dass kein Laub in den Teich fällt, oder fischen Sie dieses ab, damit es nicht zu Boden sinken und faulen kann.

1 Sollte sich tatsächlich bereits Faulschlamm angesammelt haben, ist das Wasser abzulassen,

1

um einen Teil der Schlammschicht auszuräumen. Ein derartiger Eingriff ist aber nur in einem völlig maroden Teich nötig. Das Teichsubstrat bleibt bei einer Entschlammung eine Zeitlang am Ufer liegen, damit sich versteckte Tiere retten können. Anlässlich einer Entschlammung sollten Sie die Teichschale und die Einrichtung überprüfen (auf Risse, brüchige Stellen achten, Pumpe kontrollieren, Filter säubern usw.).

Ein richtig angelegter Teich braucht keinen Wasserwechsel, allenfalls muss verdunstetes Wasser nachgefüllt werden. Sollte Ihr Teich dennoch »umkippen« (z. B. durch Überdüngung), hilft meist kein Belüftungssystem mehr, sondern nur noch das Entleeren,

2

Ausräumen und Erneuern. Dazu ist in der Regel eine leistungsfähige Entwässerungspumpe nötig, da normalerweise kein Folienteich und auch kein Kunststoffbecken einen Ablauf hat. Nur in Betonbecken oder Lehmteichen ist der Wasserablauf manchmal durch einen Siphon im Boden möglich. Wenn nicht, ist auch hier eine Saugpumpe nötig.

Eventuell kann das Wasser auch ohne Pumpe beispielsweise in die Kanalisation abgeleitet werden. Dies setzt aber voraus, dass der Teich höher liegt als der Kanalschacht. Dann lässt sich das Wasser durch einen Schlauch ansaugen und ableiten.

In diesem Fall muss die Erde vor dem Fluten mit frischem Wasser natürlich ausgeräumt werden. Danach kommen nur kleine Portionen magerer Erde in die Pflanzmulden beziehungsweise in die Pflanzkörbe. Dann kann der Teich wieder aufgefüllt werden. Diese aufwendige Prozedur, die auch bei Verletzungen der Folie nötig ist, sollten Sie von Anfang an durch richtiges, vorsichtiges Arbeiten ausschließen.

2 Ansonsten sollte das Wasser selbst vor dem **Winter** nicht abgelassen werden. Das setzt natürlich voraus, dass der Teich frostsicher gebaut wurde. Normalerweise halten sowohl Folie, Hartkunststoff und Beton als auch Lehm, Ton sowie Holz dem sich ausdehnenden gefrierenden Wasser stand. Wenn das Eis beispielsweise wegen zu steiler Wände gefangen ist, kann der Druck die Schale sprengen.

Das Eis schadet der Vegetation und den Tieren nicht, wenn das Wasser tief genug ist und am Boden eine frostfreie Zone erhalten bleibt. Sie brauchen das Eis nur offen zu halten, wenn sich in einer bodendeckenden Schlammschicht Faulgase bilden. In diesem Fall kann ein Eisfreihalter (oder ein Strohballen) nützlich sein. Eine geschlossene Eisdecke sollte aber nicht betreten werden.

Frostharten Pflanzen schadet selbst Frost an den Wurzeln nicht. Nur einige Arten, insbesondere Seerosen, sind an den Wurzeln frostempfindlich. Sie müssen deshalb bei Frostgefahr evakuiert oder in tieferes frostfreies Wasser gestellt werden.

3 Die robustesten Pflanzen sind Algen. Sie sind nicht nur dem Frost gewachsen, sondern ertragen auch warmes und schlechtes Wasser und gedeihen dort sogar besonders üppig. Vorbeugend sollten Sie den Algenwuchs durch mageres Substrat und schattierende Schwimmblattpflanzen schon von Anfang an hemmen.

Profitipp
Setzen Sie keinesfalls chemische Mittel zur Algenvernichtung oder zur Schädlingsbekämpfung ein. Im Notfall können Wasserflöhe einer Algenplage Herr werden.

Grundsätzlich lassen sich aber sowohl Algen als auch viele Schädlinge einfach mechanisch durch Abfischen oder Ausputzen kranker Teile beseitigen. Auch die Pumpe kann das ganze Jahr im Wasser bleiben, sie sollte es sogar, damit sie nie trocken wird. Wenn die Wasseroberfläche gefroren ist, bleibt sie im Winter natürlich außer Betrieb. Bei einem flachen, völlig durchfrierenden Teich wird die Pumpe am besten im Haus in einem Eimer Wasser aufbewahrt.

3

Einmal im Jahr (je nach Typ unterschiedlich, Betriebsanleitung beachten!) sollten Sie die Pumpe als auch den Filter und Zubehör überprüfen und bei Bedarf reinigen.

4 Anhand dieser Zeichnung sehen Sie, wie Sie Ihren Teich auf den Winter vorbereiten sollten: Eine Laubschüttung hält Extremfröste von den gefährdeten Uferpflanzen ab **(1).** Gebundene Grasbüschel hindern die Kälte am Eindringen in den Wurzelstock **(2).** Styroporkisten schützen niedrige Stauden **(3).** Trockene Blütenstände und Gräser bleiben stehen **(4** und **5).** Heimische Pflanzen ertragen auch Eis. Sie

4

brauchen hierfür keine gesonderte Vorsorge zu treffen **(6).** Stauden (Primeln etc.) ziehen in den Boden ein **(7).** Absinkendes organisches Material (z. B. Blätter) sollten Sie abfischen **(8).** Eingesetzte Fische überwintern am Teichgrund. Sie sollten Sie nicht stören **(9).** Unterwasserpflanzen leben im eisfreien Bereich weiter **(10).** Der Wurzelstock von Seerosen muss mindestens 80 cm tief sitzen **(11).** Faulgase entweichen durch einen Strohballen, gleichzeitig kann Sauerstoff eindringen **(12).** Faulschlamm und Algen sollten Sie rechtzeitig ausräumen **(13).** Winterharte Uferpflanzen brauchen keinen Schutz **(14).** Fest eingewurzelte Exoten (z. B. Gunnera) überdachen Sie am besten mit einer Holzhaube **(15).** Empfindliche Topfpflanzen sollten Sie herausnehmen und kühl und feucht im Haus überwintern **(16).** Zwiebeln für den Frühjahrsflor stecken Sie schon im Herbst **(17).** Ufergehölze (Weiden, Erlen etc.) sind völlig winterhart und benötigen keinerlei Vorkehrungen für den Winter **(18).** Einen idealen Winterschutz bietet eine geschlossene Schneedecke, sie kann auch auf dem Eis liegen bleiben **(19).**